HideOut
Cabins Shacks Barns Sheds

© 2020 Instituto Monsa de ediciones.

First edition in January 2020 by Monsa Publications,
Carrer Gravina 43 (08930) Sant Adrià de Besós.
Barcelona (Spain)
T +34 93 381 00 50
www.monsa.com monsa@monsa.com

Editor and Project director Anna Minguet
Art director and Cover design Eva Minguet
Layout Marc Giménez (Monsa Publications)
Cover and back cover image by Gnocchi+Danesi Architects
Printed by Cachiman Grafics

Shop online:
www.monsashop.com

Follow us!
Instagram: @monsapublications
Facebook: @monsashop

ISBN: 978-84-17557-15-7
D.L. B 73-2020

All rights reserved. No part of this book may be used or reproduced in any manner whatsoever without written permission except in the case of brief quotations embodied in critical articles and reviews. Whole or partial reproduction of this book without the editor's authorisation infringes reserved rights; any utilization must be previously requested.

"Queda prohibida, salvo excepción prevista en la ley, cualquier forma de reproducción, distribución, comunicación pública y transformación de esta obra sin contar con la autorización de los titulares de propiedad intelectual. La infracción de los derechos mencionados puede ser constitutiva de delito contra la propiedad intelectual (Art. 270 y siguientes del Código Penal). El Centro Español de Derechos Reprográficos (CEDRO) vela por el respeto de los citados derechos".

HideOut
Cabins Shacks Barns Sheds

monsa

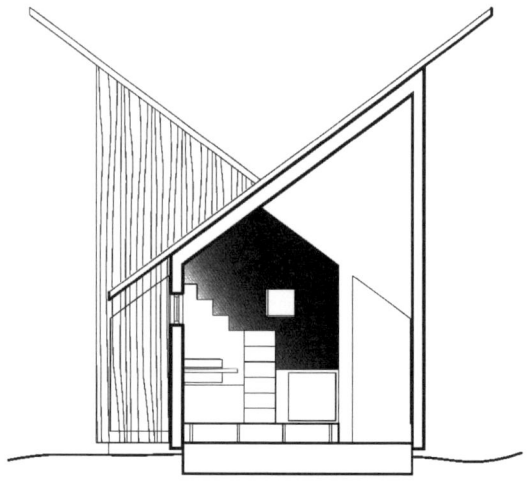

Intro

Cabins have become one of the favourite hiding places for people looking for a perfect place to rest and connect with nature. Environmentally friendly homes, cutting-edge sustainable architecture that have ecological solutions and a low environmental impact. Buildings with smart and compact design, in which the spaces are open and shared, connected to each other and to the environment.

Las cabañas se han convertido en uno de los escondites favoritos para aquellas personas, que buscan un lugar perfecto en el que descansar y conectar con la naturaleza. Viviendas respetuosas con el medio ambiente, que son todo un referente en las últimas tendencias de la arquitectura sostenible, con soluciones ecológicas y un bajo impacto medioambiental. Construcciones con un diseño inteligente y compacto, en el que los espacios son abiertos y compartidos, conectados entre sí y con el entorno.

Carpineto Mountain Refuge	8
Bruny Island Hideaway	14
Knapphullet	24
La Pointe	30
Cabin at Rones	38
Dômes Chalevoix	46
ChAlet	54
The Hut	62
Mini Mod	68
AB Studio	76
A-Frame Renovation	84
Hooded Cabin	94
Folly Cabins	102
Grand Pic Cottage	110
Window on the Lake	118
The Coyle	126
Efjord Retreat Cabin	134

Carpineto Mountain Refuge

215 sq ft - 20 m²
Gnocchi+Danesi Architects
Rome, Italy
© Gnocchi+Danesi Architects

The "Carpineto Mountain Refuge" was an architectural competition for students and young architects organized in 2015 by Archistart (www.archistart.net). The competition was aimed at promoting the touristic appeal of the Lepine Mountains in central Italy. One of the main design goals was to express the cultural and geographical character of the region through a series of temporary refuges to be located along the main hiking paths.
The winner of the competition is the project designed by Gnocchi+Danesi Architects, who described their design as a contemporary interpretation of old traditional mountain refuges, bringing in architectural character and spatial quality.

El "Refugio de Montaña Carpineto" fue un concurso de arquitectura para estudiantes y jóvenes arquitectos organizado en 2015 por Archistart (www.archistart.net). El concurso tenía por objeto promover el atractivo turístico de las Montañas Lepine en el centro de Italia. Uno de los principales objetivos del diseño fue expresar el carácter cultural y geográfico de la región a través de una serie de refugios temporales que se ubicarán a lo largo de las principales rutas de senderismo.
El ganador del concurso es el proyecto diseñado por Gnocchi+Danesi Architects, que ha descrito su diseño como una interpretación contemporánea de los antiguos refugios tradicionales de montaña, aportando carácter arquitectónico y calidad espacial.

The rustic appeal of the mountain refuge provides a unique atmosphere that stimulates and expands a vacation experience.

El atractivo rústico del refugio de montaña proporciona una atmósfera única que estimula y expande la experiencia vacacional.

This refuge provides comfortable accommodation full of old-world charm and a warm and friendly atmosphere.

Este refugio ofrece un alojamiento confortable lleno del encanto del viejo mundo y un ambiente cálido y acogedor.

Concept

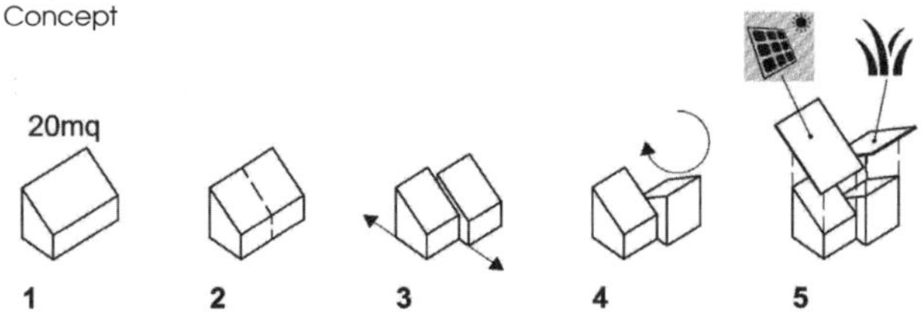

20mq
1

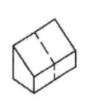
2

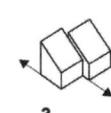
3

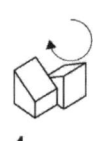
4

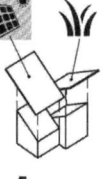
5

Structure
A prefabricated wood construction system was devised to facilitate the construction on a site with difficult access.

Estructura
Se diseñó un sistema de construcción prefabricado de madera para facilitar la construcción en una obra de difícil acceso.

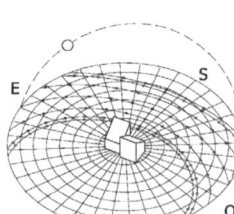

Exterior cladding
One of the modules has a roof with photovoltaic panels.

Revestimiento exterior
Uno de los módulos tiene un techo con paneles fotovoltaicos.

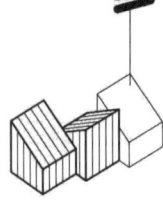

Expandability
Each module has an independent structure, allowing freedom of configuration and expansion.

Expansibilidad
Cada módulo tiene una estructura independiente, lo que permite libertad de configuración y expansión.

Water
The refuge is fitted with a rainwater collection system.

Agua
El refugio está equipado con un sistema de recogida de aguas pluviales.

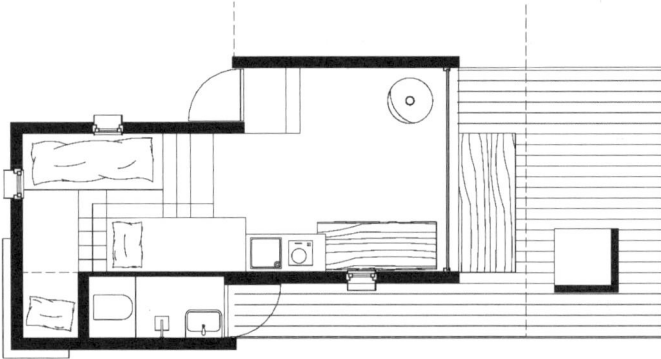

The refuge is designed with sustainability in mind, both in the choice of materials and in the use of passive and active energy systems. It evokes an archetypal form using contemporary construction principles.

El refugio está diseñado pensando en la sostenibilidad, tanto en la elección de los materiales como en el uso de sistemas energéticos pasivos y activos. Evoca una forma arquetípica utilizando principios de construcción contemporáneos.

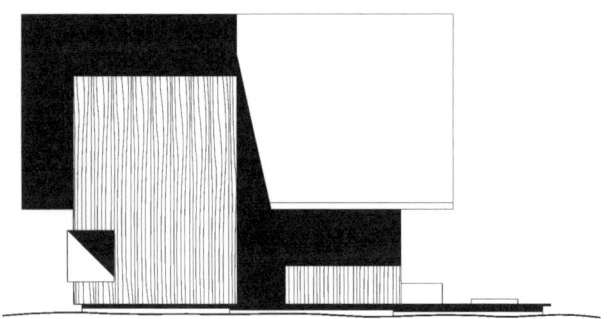
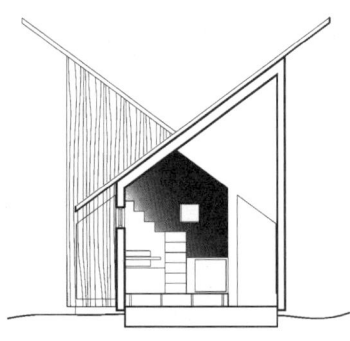

Floor plan and elevations

To each his own space. The interior design makes the most of the limited area, creating a comfortable space.

A cada uno su propio espacio. El diseño interior aprovecha al máximo el espacio limitado, creando un espacio confortable.

Spatial diagram

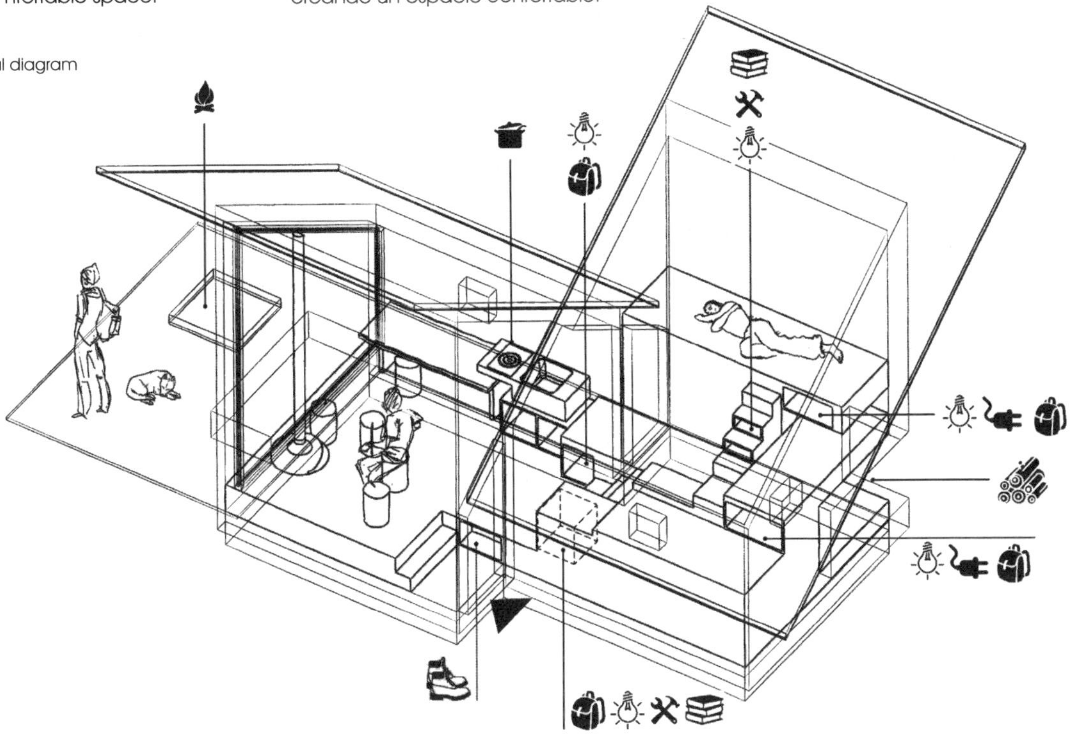

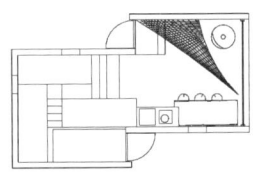
Relax

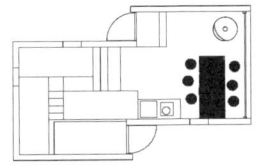
Dinner for six

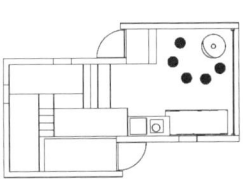
After dinner

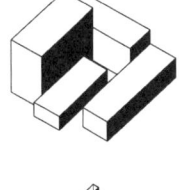

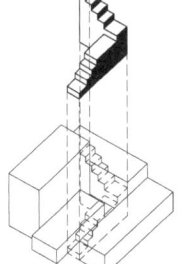

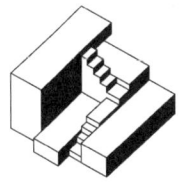

Layout options

Different layout configurations offer the possibility to manage space according to the needs.

Diferentes configuraciones de disposición ofrecen la posibilidad de gestionar el espacio en función de las necesidades.

Bruny Island Hideaway

301 sq ft - 28 m²
Maguire + Devine Architects
Bruny Island, Tasmania, Australia
© Rob Maver

Tucked away in a clearing surrounded by ninety-nine acres of forest, this finely crafted cabin provides shelter for some time off the grid in both a literal and metaphorical sense, exploring the essence of retreat and re-connection to nature. The owner's desire to build small and a childhood spent in traditional Japanese houses set the guidelines for the design of a cabin that reconciles the owner's love of Bruny Island, her culture, and her minimalist ideals.

Escondida en un claro rodeado de noventa y nueve acres de bosque, esta cabaña finamente construida proporciona refugio estacional, permitiendo explorar la esencia del concepto de retiro y de reconexión con la naturaleza. El deseo de la propietaria de construir en escala pequeña casas japonesas tradicionales, marcan las pautas para el diseño de una cabaña que reconcilia el amor de la propietaria por la isla Bruny, su cultura y sus ideales minimalistas.

In contrast with the rough skin of the cabin, the interior is made of light-colored timber that creates a warm, cozy sense of enclosure, referencing not only Japanese architecture but also remote wilderness cabins from all over the world, evoking a sense of distance and escape.

En contraste con la dura fachada de la cabaña, el interior está hecho de madera de color claro que crea una cálida y acogedora sensación de encierro, haciendo referencia no sólo a la arquitectura japonesa, sino también a remotas cabañas salvajes de todo el mundo, evocando una sensación de distancia y escape.

The multileveled interior creates an interesting spatial experience further enhanced by the generous openings that offer framed views of the surrounding landscape. The cabin experience is not limited by the wall boundaries but it is expanded to the outside. A dialogue is established between interior and exterior, thus satisfying the desire to reconnect with nature.

El interior multinivel crea una experiencia espacial interesante, realzada por las generosas aberturas que ofrecen vistas enmarcadas del paisaje circundante. La experiencia de la cabaña no está limitada por los límites de la pared, sino que se expande hacia el exterior. Se establece un diálogo entre el interior y el exterior, satisfaciendo así el deseo de reconectarse con la naturaleza.

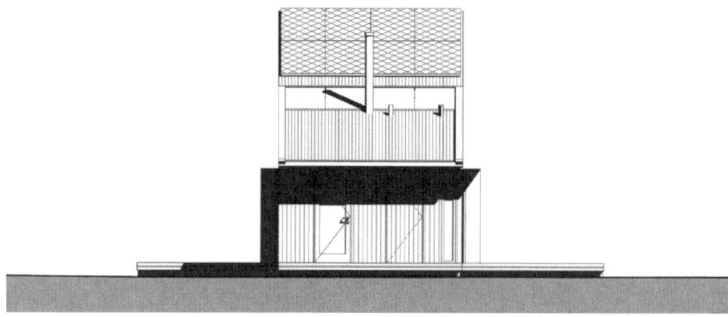

North elevation

A high roof elevates solar panels and a skylight to catch the sun from over the trees, while the metal-clad exterior keeps the rugged coastal weather out.

Un techo alto eleva los paneles solares y una claraboya para captar la luz solar, mientras que el exterior revestido de metal mantiene el escabroso clima costero.

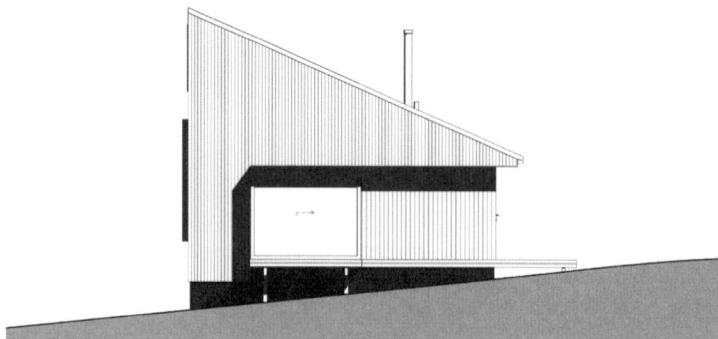

East elevation

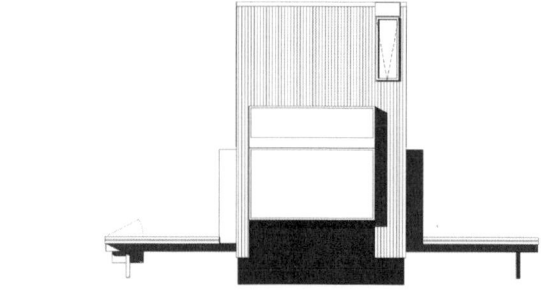

South elevation

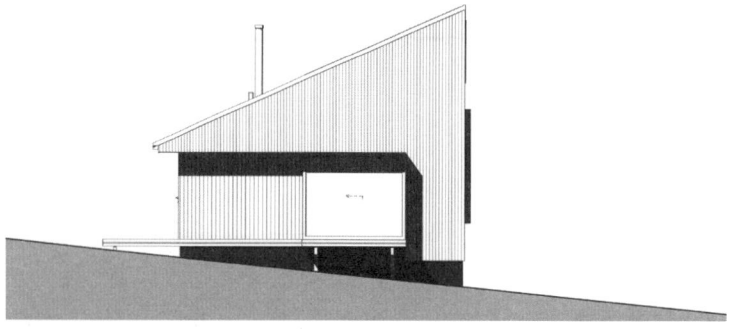

West elevation

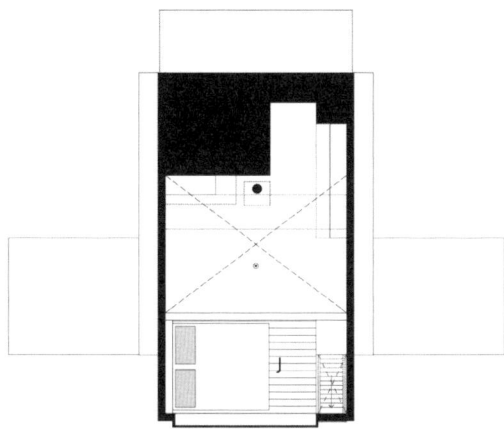

Mezzanine floor plan

The mezzanine floor adds usable square footage to the small cabin. Living small doesn't necessarily mean that there is no room for comfort.

El entresuelo añade superficie útil a la pequeña cabaña. Vivir en espacios pequeños no significa necesariamente renunciar a la comodidad.

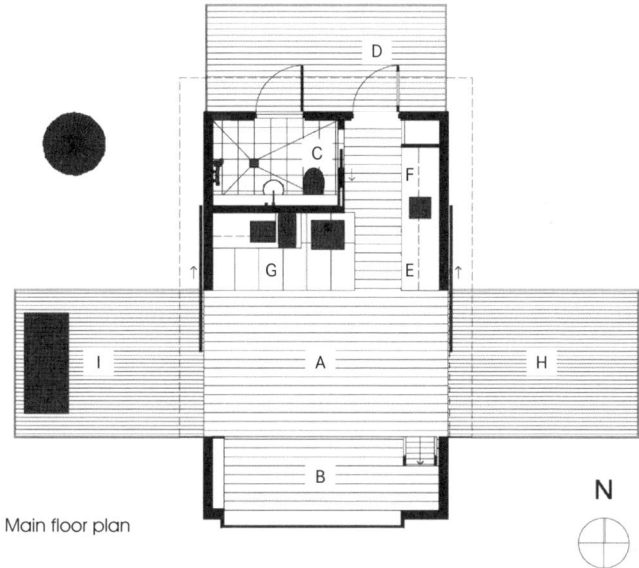

Main floor plan

A. Living
B. Daybed
C. Bathroom
D. Entry
E. Study
F. Laundry
G. Kitchen
H. Morning deck
I. Afternoon deck
J. Sleeping loft

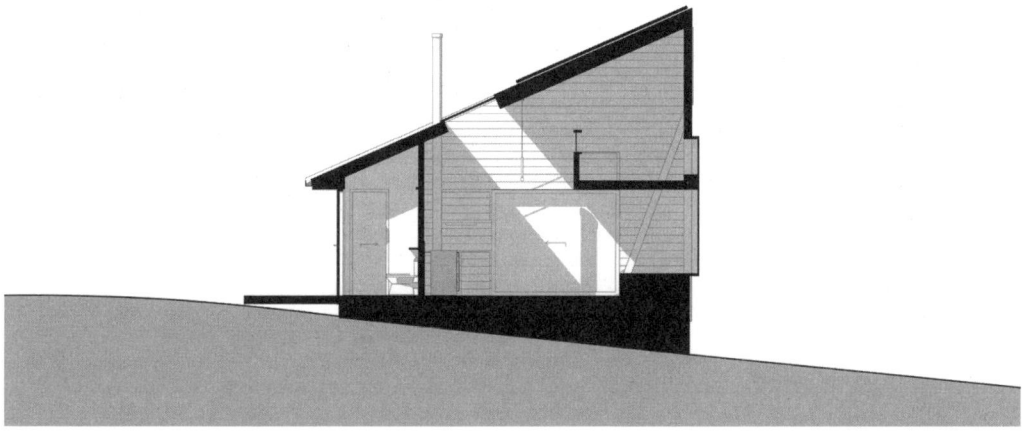

Section

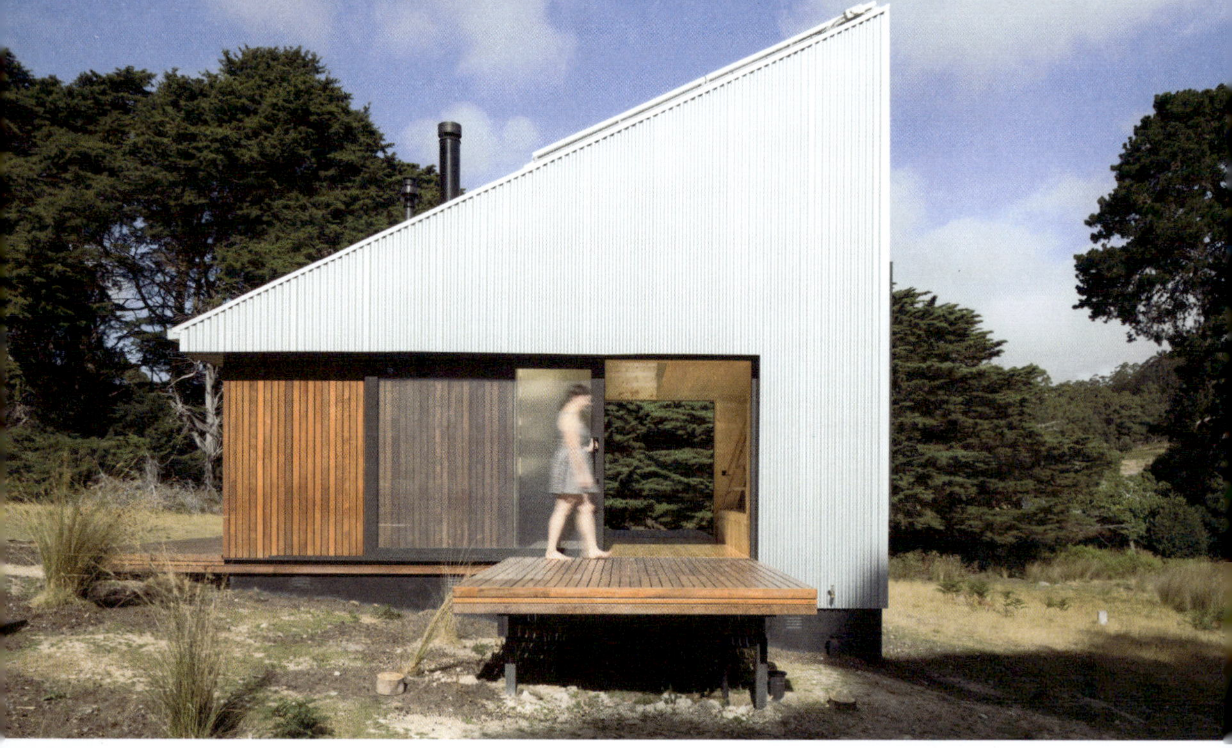

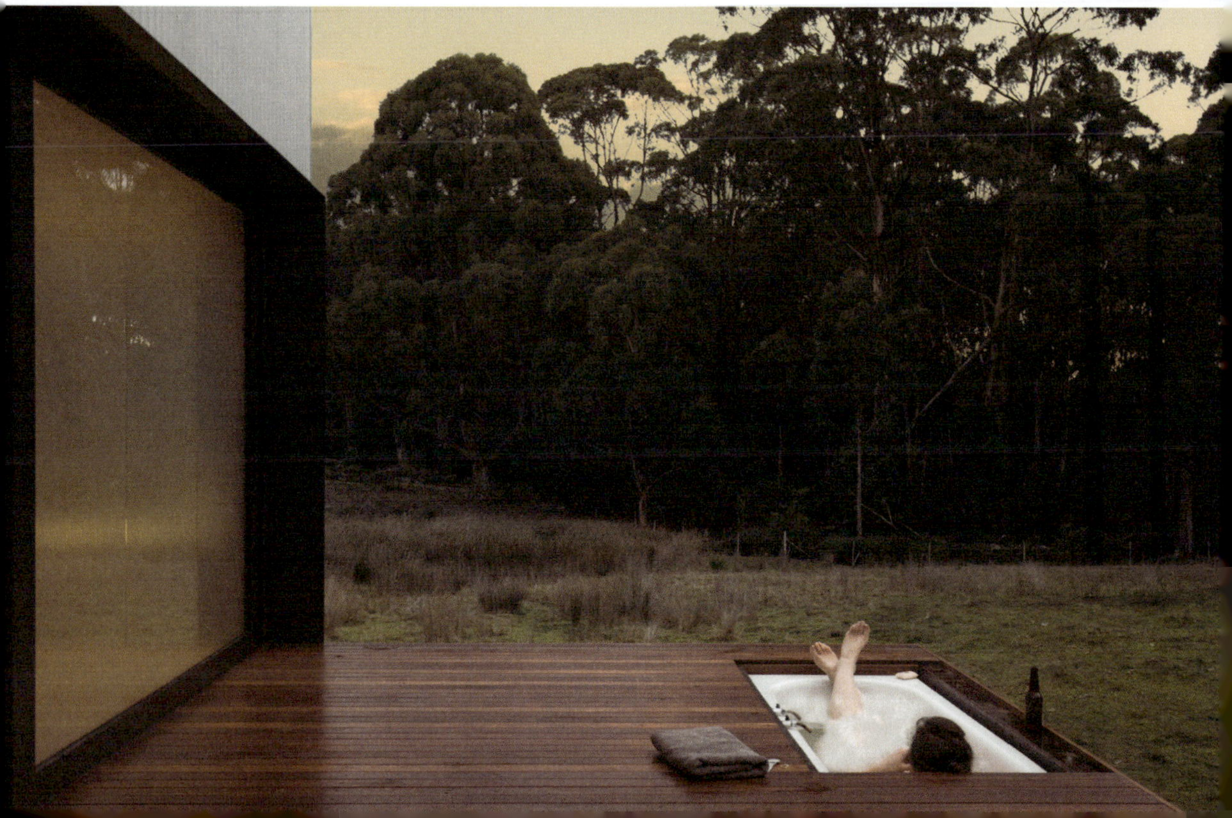

Turning away from tall trees and a dark forest to the north, the cabin addresses long views to the south from a daybed and opens up to east and west decks.

The space restrictions of small areas become unimportant when there is a chance to expand the interior to the exterior and enjoy open-air living to its fullest.

Al alejarse de los árboles altos y de un bosque oscuro al norte, la cabaña ofrece largas vistas al sur desde un sofá cama y se abre hacia las cubiertas este y oeste.

Las restricciones de espacio de las áreas pequeñas se vuelven irrelevantes cuando existe la posibilidad de expandir el interior hacia el exterior y disfrutar al máximo de la vida al aire libre.

Knapphullet

323 sq ft - 30 m²
Lund Hagem
Sandefjord, Norway
© Ivar Kvaal, Kim Muller, Luke Hayes

Knapphullet is a small annex to an existing holiday home with the Norwegian coastal landscape as a stunning backdrop. Accessible only by boat or by foot through a dense forest, the small hideaway is wedged between large outcrops and surrounded by low vegetation for wind protection. The design developed from the desire to echo the roughness and beauty of the surrounding landscape. This led to the distinct shape of the building: a stepped ramp with a lookout roof encasing a compact shelter. This hideaway encompasses adequate orientation to make the most of natural lighting and a compact open plan that spills out onto a series of outdoor areas conceived as gathering spaces to enjoy good weather.

Knapphullet es un pequeño anexo a una casa de vacaciones ya existente con el paisaje costero noruego como telón de fondo. Accesible sólo en barco o a pie a través de un denso bosque, el pequeño escondite está encajonado entre grandes afloramientos y rodeado de vegetación baja para protegerse del viento. El diseño se desarrolló a partir del deseo de hacer eco de la rugosidad y la belleza del paisaje circundante. Esto dio lugar a la forma distintiva del edificio: una rampa escalonada con un tejado de vigía que encierra un refugio compacto. Este escondite cuenta con una orientación adecuada para aprovechar al máximo la iluminación natural y una planta abierta y compacta que se extiende sobre una serie de espacios exteriores concebidos como espacios de encuentro para disfrutar del buen tiempo.

The building adapts to the surroundings with the principles of scale.

While the roof terrace offers a panoramic view of the stunning scenery, the view from the house is more restricted. Instead, the views from inside the house focus on the more intimate aspects of the surrounding landscape: the texture of the rock surface, and seasonal changes in the vegetation.

El edificio se adapta al entorno con los principios de escala.

Mientras que la azotea ofrece una vista panorámica del impresionante paisaje, la vista desde la casa es más restringida. En cambio, las vistas desde el interior se centran en los aspectos más íntimos del paisaje: la textura de la superficie rocosa y los cambios estacionales de la vegetación.

Site map

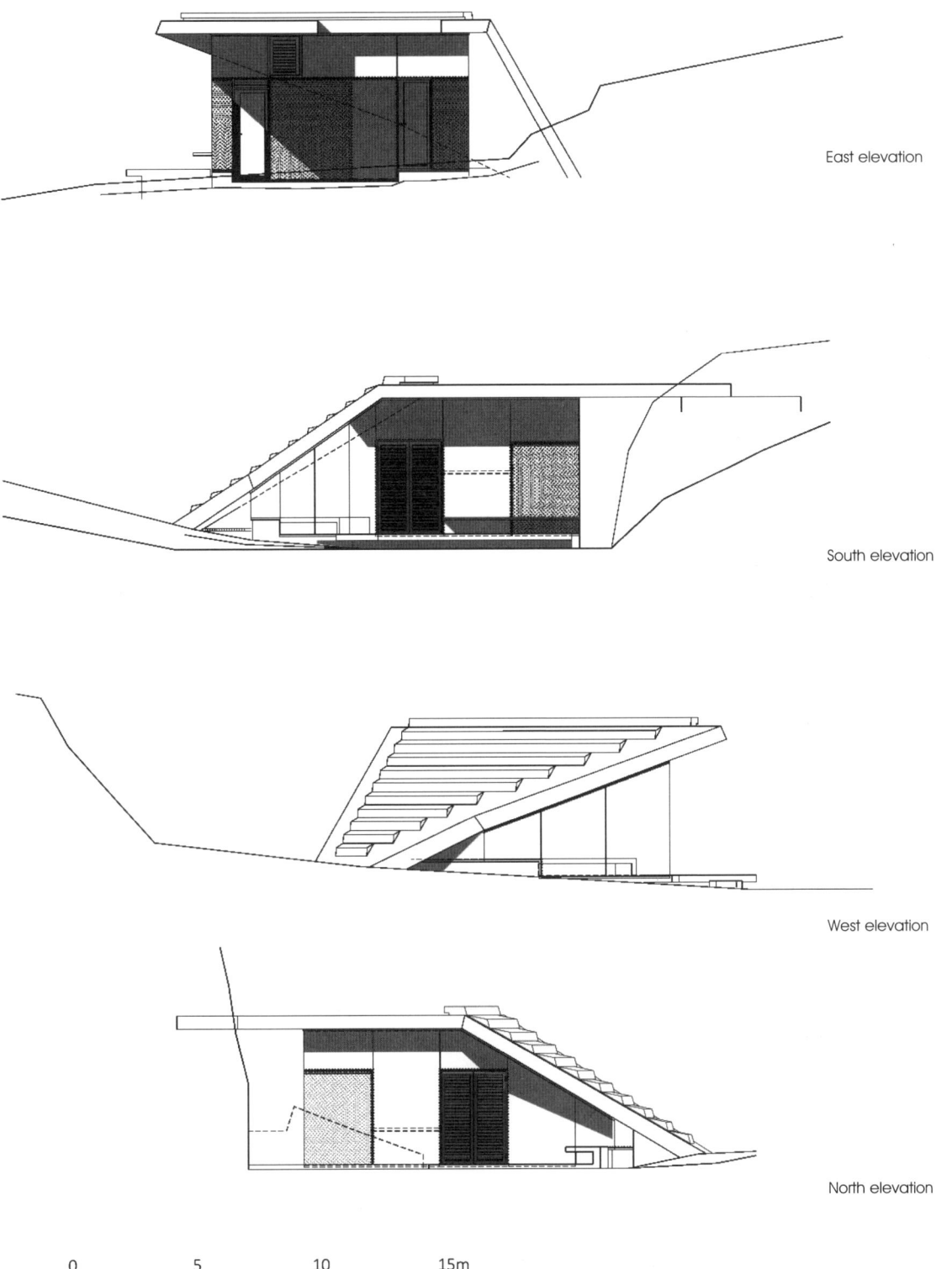

East elevation

South elevation

West elevation

North elevation

0 5 10 15m

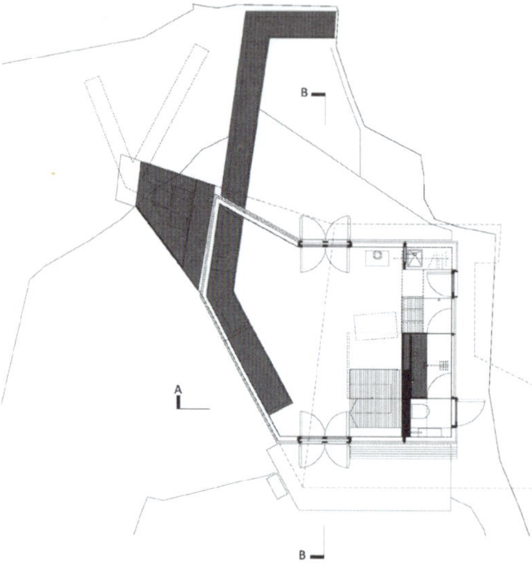

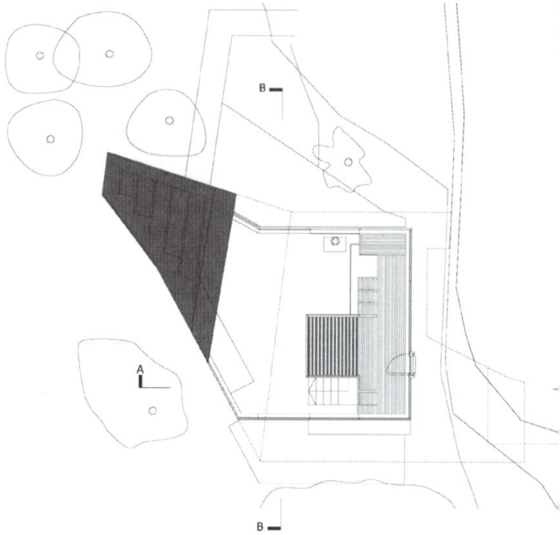

Ground floor plan

Mezzanine floor plan

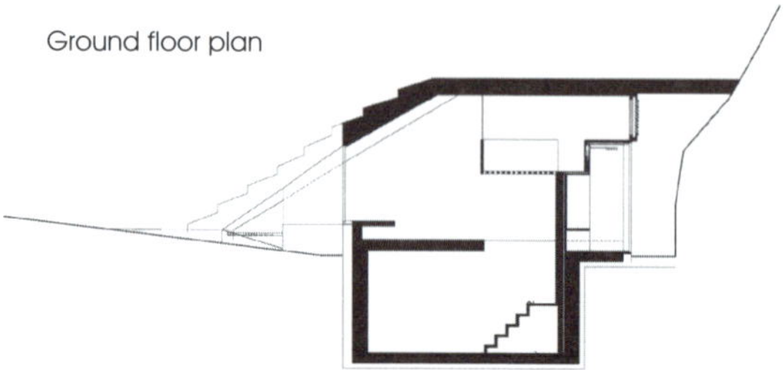

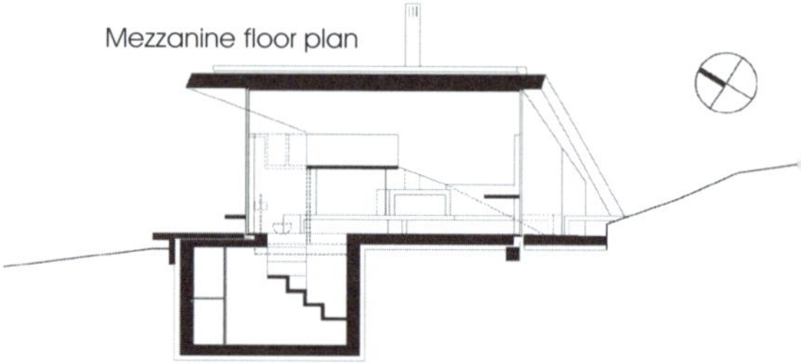

Section A-A

Section B-B

Although the building occupies a small footprint, the space expands vertically over four levels, including a roof terrace. Accessible via a long boarded walkway, the house offers a sheltered atrium formed by the building and the outcrops.

Aunque el edificio ocupa una pequeña superficie, el espacio se expande verticalmente en cuatro niveles, incluyendo una azotea. Accesible a través de una larga pasarela de tablones, la casa ofrece un atrio protegido formado por la propia edificación y los afloramientos.

The east-facing atrium receives the morning sun, while the west-facing terrace opens toward the evening sun. The use of skylights takes further advantage of the long daylight hours experienced during the summer. There is a roof opening right against a rock, allowing daylight to pour down into the entrance and the bathroom.

El atrio orientado al este recibe el sol de la mañana, mientras que la terraza orientada al oeste se abre hacia el sol de la tarde. El uso de claraboyas aprovecha aún más las largas horas de luz diurna durante el verano. Hay un techo que se abre justo contra una roca, lo que permite que la luz del día se derrame en la entrada y en el baño.

La Pointe

400 sq ft - 38 m²
Atelier l'Abri
Poisson Blanc Regional Park, Quebec, Canada
© Ronny Lebrun and Jack Jérôme

La Pointe is a small shelter that is part of the Poisson Blanc Regional Park's accommodations. Surrounded by towering pines, it is ten minutes by foot on a trail from the visitors center. Its triangular geometry offers an interpretation of the legendary A-frame popularized in North America during the 1950s. It is a simple yet sculptural structure with steel roofing and cedar board-and-batten siding that provides functional and nature-oriented spaces. The shelter, which was built on-site by Atelier L'Abri's construction team, was designed to be off-the-grid, capable of hosting two to four guests. Leaning against the main volume, the covered terrace is the ideal place to enjoy the outdoors when the weather allows it.

La Pointe es un pequeño refugio que forma parte de los alojamientos del Parque Regional del Poisson Blanc. Rodeado de imponentes pinos, se encuentra a diez minutos a pie por un sendero desde el centro de visitantes. Su geometría triangular ofrece una interpretación del legendario bastidor en A popularizado en Norteamérica durante la década de 1950. Es una estructura sencilla pero escultórica con techo de acero y revestimiento de madera de cedro que proporciona espacios funcionales y orientados a la naturaleza. El refugio, que fue construido in situ por el equipo de construcción del Atelier L'Abri, fue diseñado para ser autónomo, capaz de albergar de dos a cuatro huéspedes. Apoyada en el volumen principal, la terraza cubierta es el lugar ideal para disfrutar del aire libre cuando el tiempo lo permite.

Elevation 1

Elevation 2

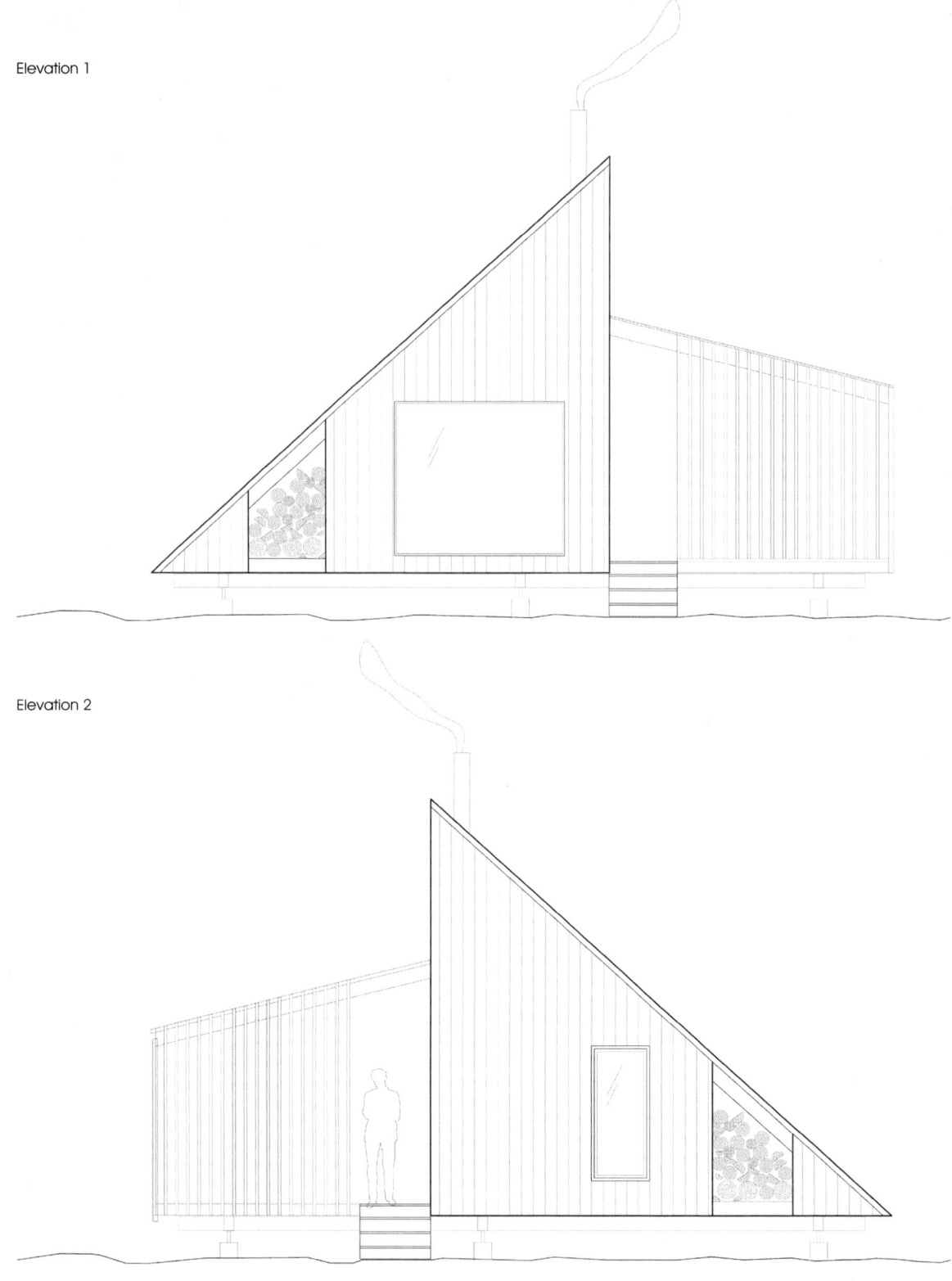

The peculiarities of A-frame construction conditions the use of interior spaces, forcing creative solutions to optimize the use of space and take advantage of awkward corners rather than leave them as unusable spaces.

Las peculiaridades de la construcción en forma de A condicionan el uso de los espacios interiores, forzando soluciones creativas para optimizar el uso del espacio y aprovechar las esquinas incómodas en lugar de dejarlas como espacios inutilizables.

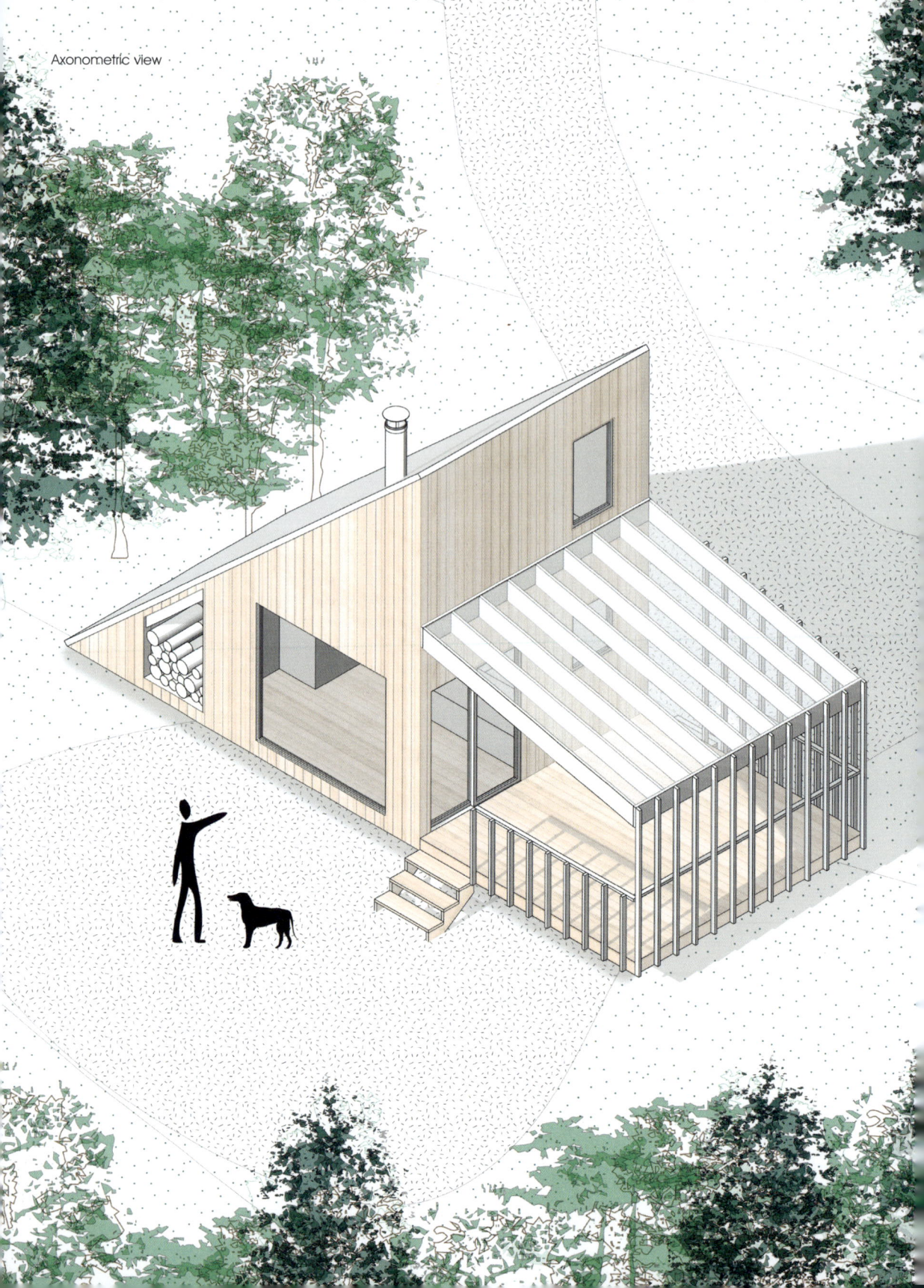
Axonometric view

Scale model

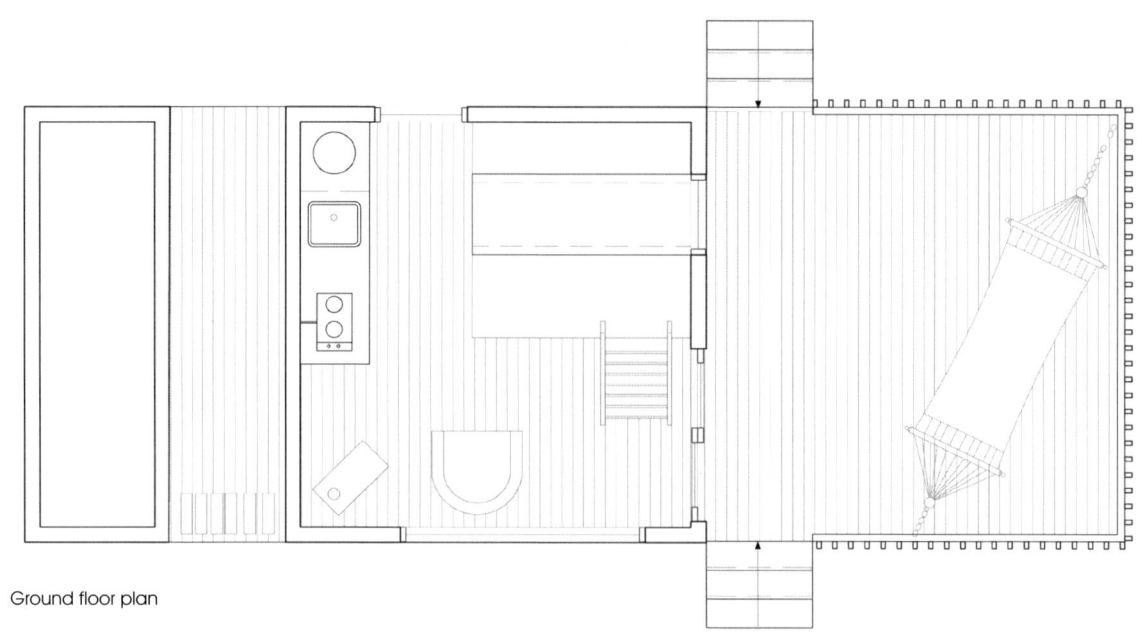

Ground floor plan

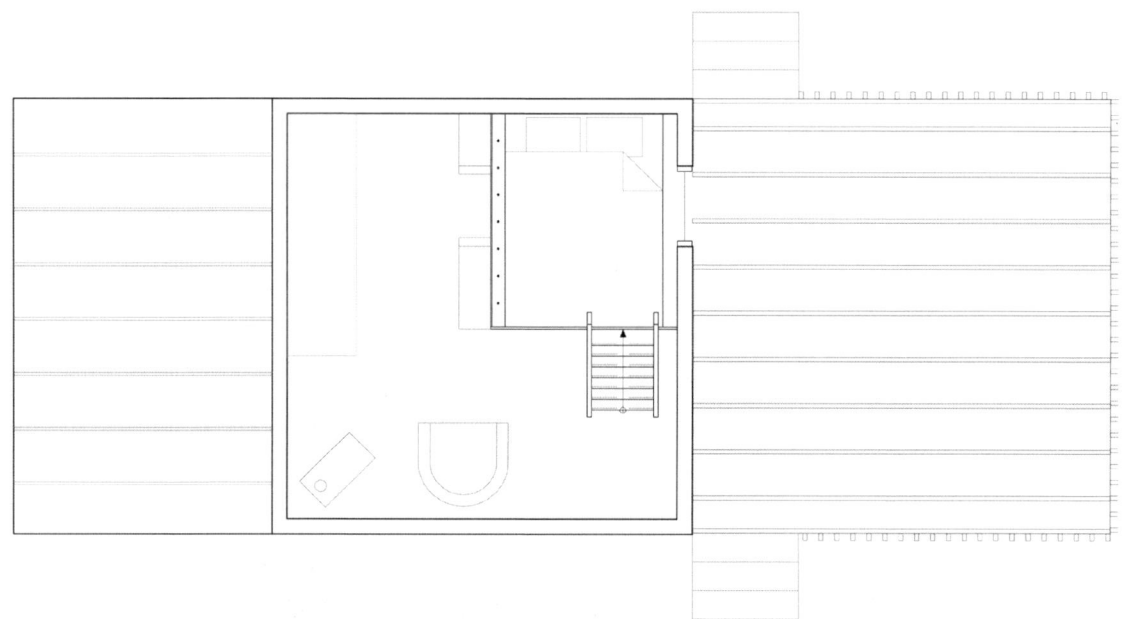

Mezzanine floor plan

The interior is minimal and bathed in natural light with a large window offering uninterrupted views of the forest. A kitchenette, a table that can be turned into an extra bed, and a sleeping loft provide necessary amenities for a short stay in the wilderness.

El interior es mínimo y está bañado de luz natural con un gran ventanal que ofrece vistas ininterrumpidas del bosque. Una pequeña cocina, una mesa que se puede convertir en cama extra y un desván para dormir proporcionan las comodidades necesarias para una corta estancia en la naturaleza.

Cabin at Rones

506 sq ft - 48 m²
Sanden + Hodnekvam
Rones, Norway
© Sanden + Hodnekvam

The small cabin is sited on rugged and steep terrain with views over a spectacular fjord. Its compact footprint keeps to a minimum the environmental impact, yet the cabin offers maximum comfort, ensuring a pleasant nature experience. Taking the site itself as inspiration, the cabin's design stands out for its geometric clarity: A rectangular box topped by a triangular prism. The back wall facing the hillside and the side walls are made of concrete, offering protection against the harsh weather conditions of the region. In contrast, the front wall of the cabin is all glass, offering unobstructed views and taking in abundant natural light. The triangular prism is made of cross-laminated timber clad in black roofing felt, referencing vernacular buildings.

La pequeña cabaña está situada en un terreno escarpado con vistas a un espectacular fiordo. Su diseño compacto reduce al mínimo el impacto ambiental, ofreciendo el máximo confort y garantizando una experiencia agradable en la naturaleza. Tomando como inspiración el propio lugar, el diseño de la cabaña destaca por su claridad geométrica: una caja rectangular rematada por un prisma triangular. La pared trasera que da a la ladera y las paredes laterales están hechas de hormigón, ofreciendo protección contra las duras condiciones climáticas de la región. Por el contrario, la pared frontal es totalmente acristalada, ofreciendo unas vistas sin obstáculos y disfrutando de abundante luz natural. El prisma triangular está hecho de madera laminada en cruz y revestida con fieltro negro para techos, haciendo referencia a los edificios vernáculos.

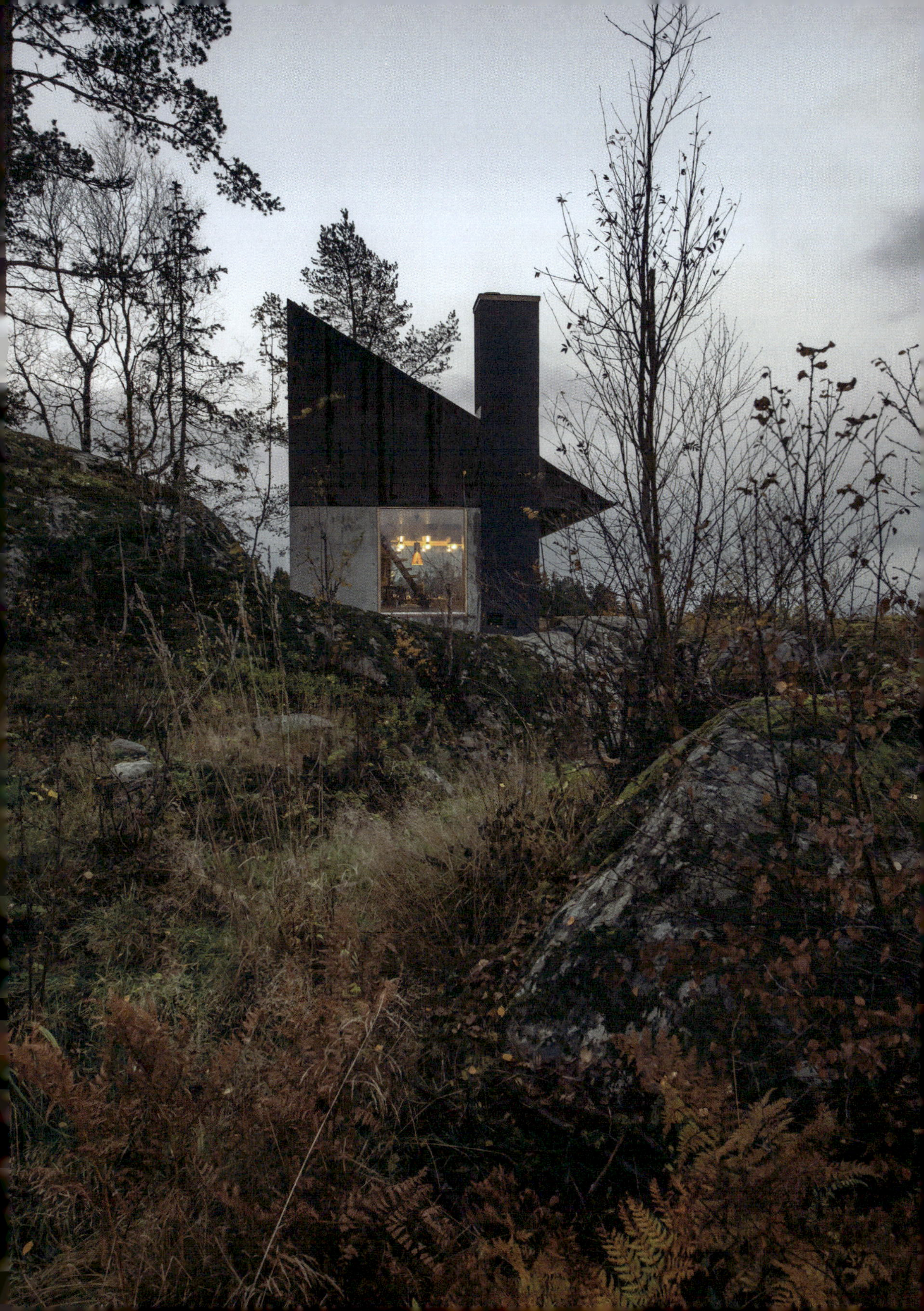

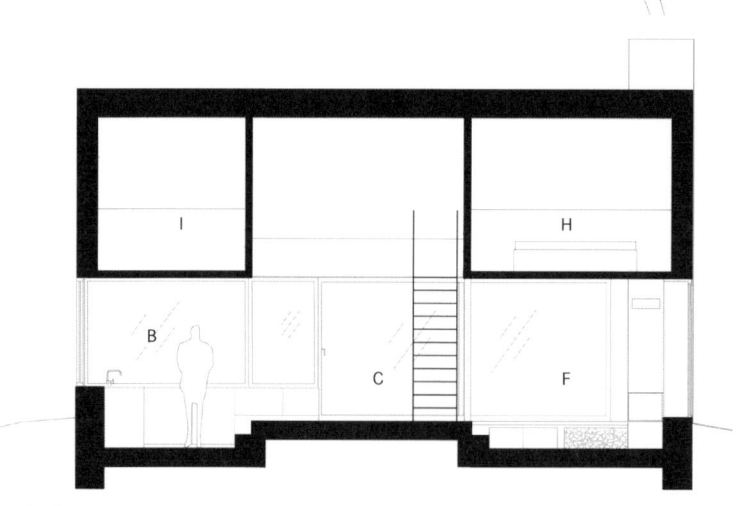

A. Entry
B. Kitchen
C. Dining area
D. Built-in cabinets
E. Sofa bed
F. Living room
G. Fireplace
H. Bedroom
I. Bathroom
J. Small loft
K. Open to below

Longitudinal section

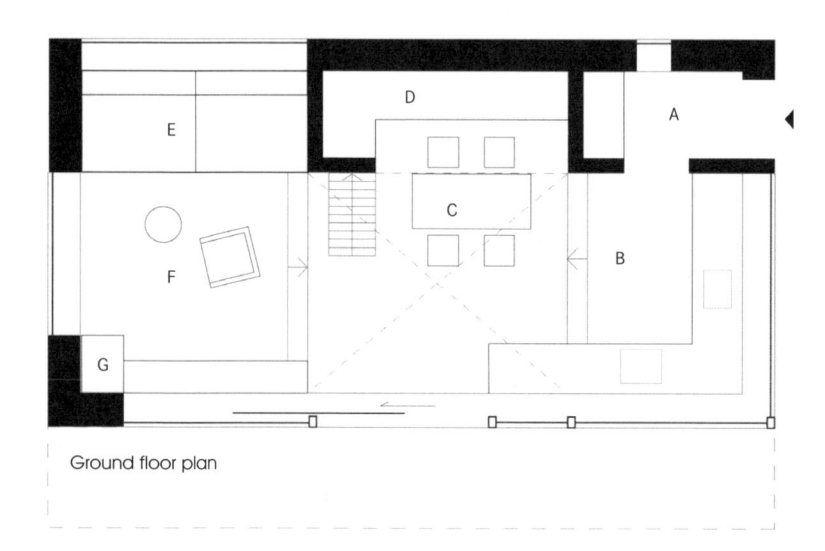

Ground floor plan

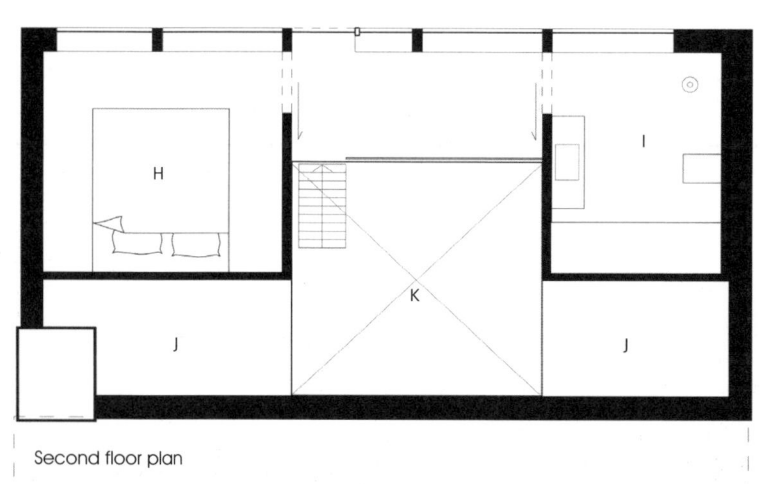

Second floor plan

Cross section

Site plan

The ground floor is organized on two levels adapting to the terrain. This allows for a clear delimitation of areas without the need for partitions, creating an open feel despite the small dimensions.

La planta baja está organizada en dos niveles que se adaptan al terreno. Esto permite una delimitación clara de las áreas sin necesidad de tabiques, creando una sensación de apertura a pesar de las pequeñas dimensiones.

The simple materials palette creates a strong connection with the land and roots the building to its place.

The design of the cabinetry, made of birch plywood, is in keeping with the simple aesthetic of the cabin, which is equipped with no more than the most essential commodities.

La sencilla selección de materiales crea una fuerte conexión con el entorno y arraiga el edificio en su terreno.

El diseño de los armarios, realizados en madera contrachapada de abedul, está en consonancia con la estética sencilla de la cabaña, que está equipada con sólo las comodidades más esenciales.

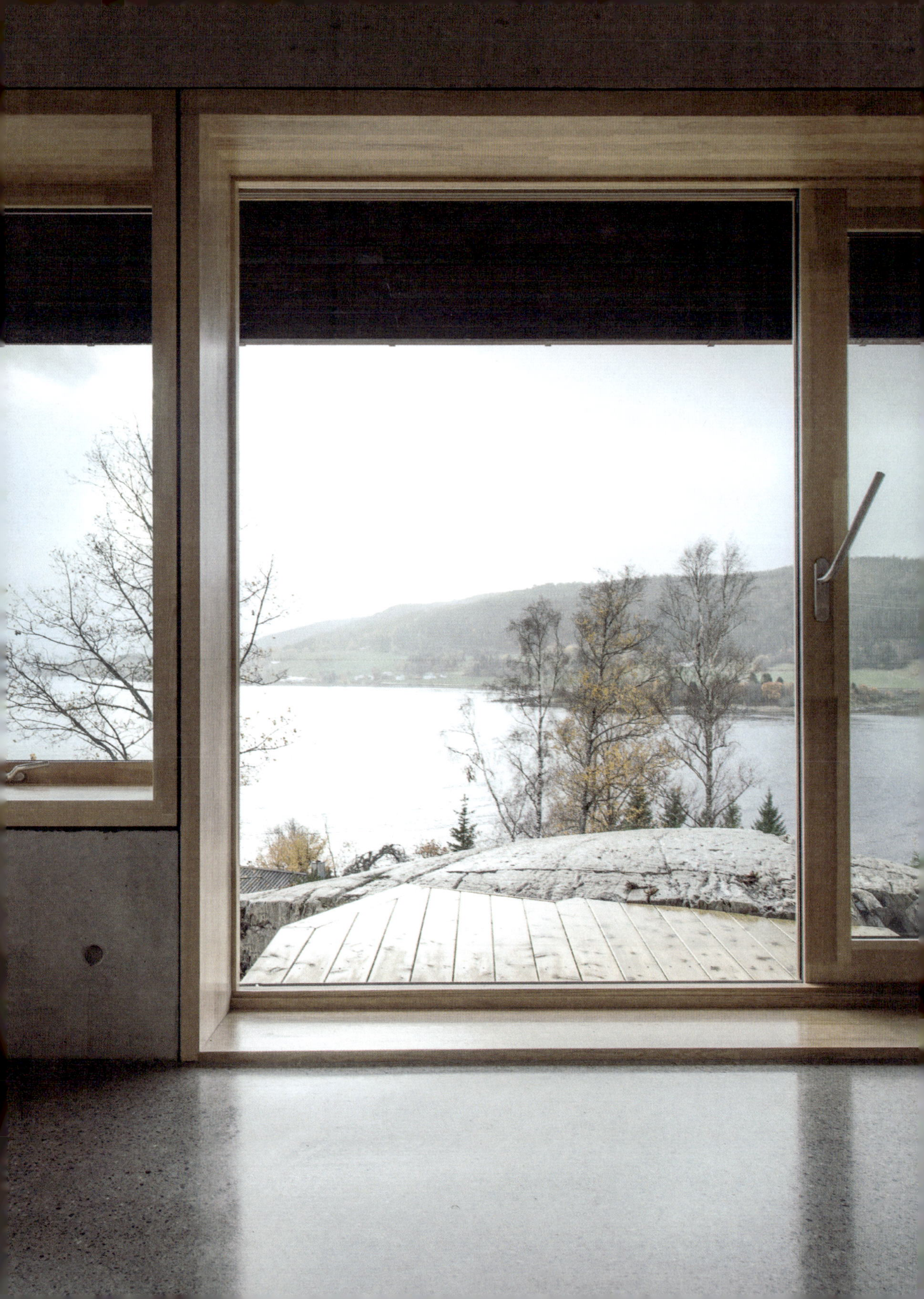

Multi-level spaces that adapt to the topography, floors that extend to the outdoors, floor-to-ceiling windows, and materials that mimic the colors of the natural surroundings are design gestures that enhance the architecture-nature symbiosis. A combination of concrete and Norwegian pine surfaces gives form to simple interiors, drawing attention on spatial quality, shelter, and the great outdoors.

Espacios de varios niveles que se adaptan a la topografía, suelos que se extienden hacia el exterior, ventanas de suelo a techo y materiales que imitan los colores del entorno natural; gestos de diseño que realzan la simbiosis arquitectura-naturaleza. Una combinación de superficies de hormigón y pino noruego da forma a interiores sencillos, llamando la atención sobre la calidad espacial, la vivienda y los grandes espacios exteriores.

Dômes Charlevoix

540 sq ft - 50 m²
Bourgeois / Lechasseur Architects
Petite-Rivière-St-François, Quebec, Canada
© Maxime Valsan

Dômes Charlevoix is a new concept of year-round eco-luxury accommodations in the heart of nature. The project consists of three geodesic domes that are the starting point of a larger lodging development with an environmentally friendly approach to tourism. Design decisions were aimed at keeping the carbon footprint of the development to a minimum. The domes, which can be accessed through a trail from a parking lot, are sensibly integrated into the natural surroundings. They sit on wooden decks and are carefully positioned, allowing guests to immerse themselves in the beauty of the natural environment. The structures of the domes are covered by a warm grey canvas made of PVC and insulation, making accommodation possible even in the region's cold winters. The domes, which can accommodate up to four guests, and are fully fitted for maximum comfort.

Dômes Charlevoix es un nuevo concepto de alojamiento de lujo ecológico durante todo el año en plena naturaleza. El proyecto consiste en tres cúpulas geodésicas que son el punto de partida de un mayor desarrollo de alojamiento con un enfoque turístico respetuoso con el medio ambiente. Las decisiones de diseño tenían por objeto reducir al mínimo la huella de carbono del desarrollo. Las cúpulas, a las que se puede acceder a través de un sendero desde un aparcamiento, están razonablemente integradas en el entorno natural. Se sientan en cubiertas de madera y se colocan cuidadosamente, permitiendo que los huéspedes se sumerjan en la belleza del entorno natural. Las estructuras de las cúpulas están cubiertas por una cálida lona gris de PVC y aislamiento, lo que hace posible el alojamiento incluso en los fríos inviernos de la región. Las cúpulas, que pueden acomodar hasta cuatro personas, están totalmente equipadas para un máximo confort.

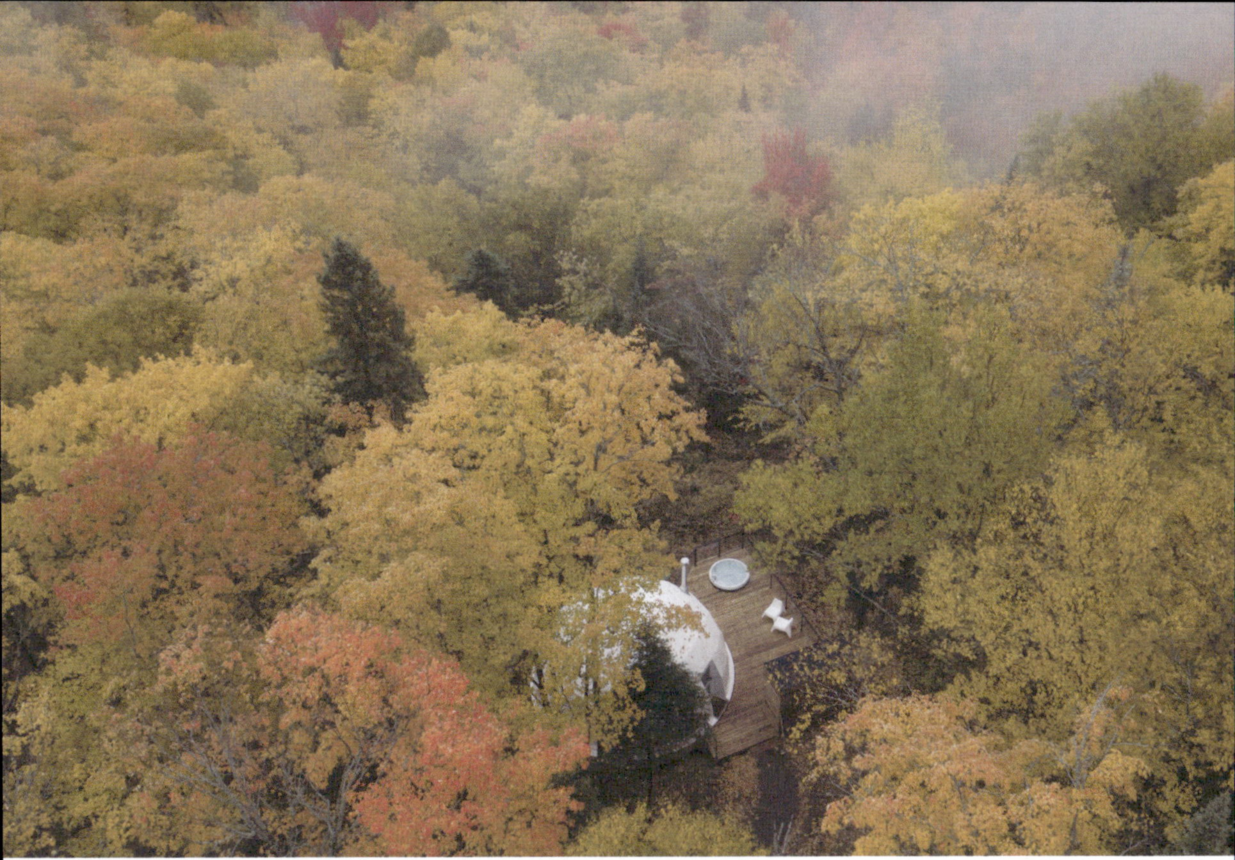

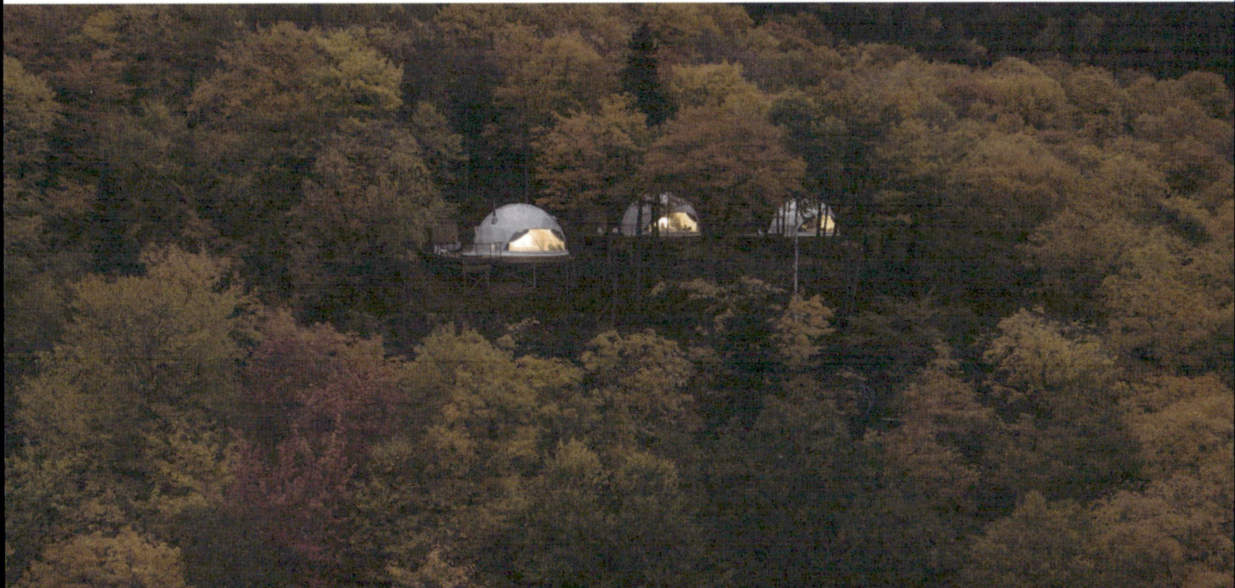

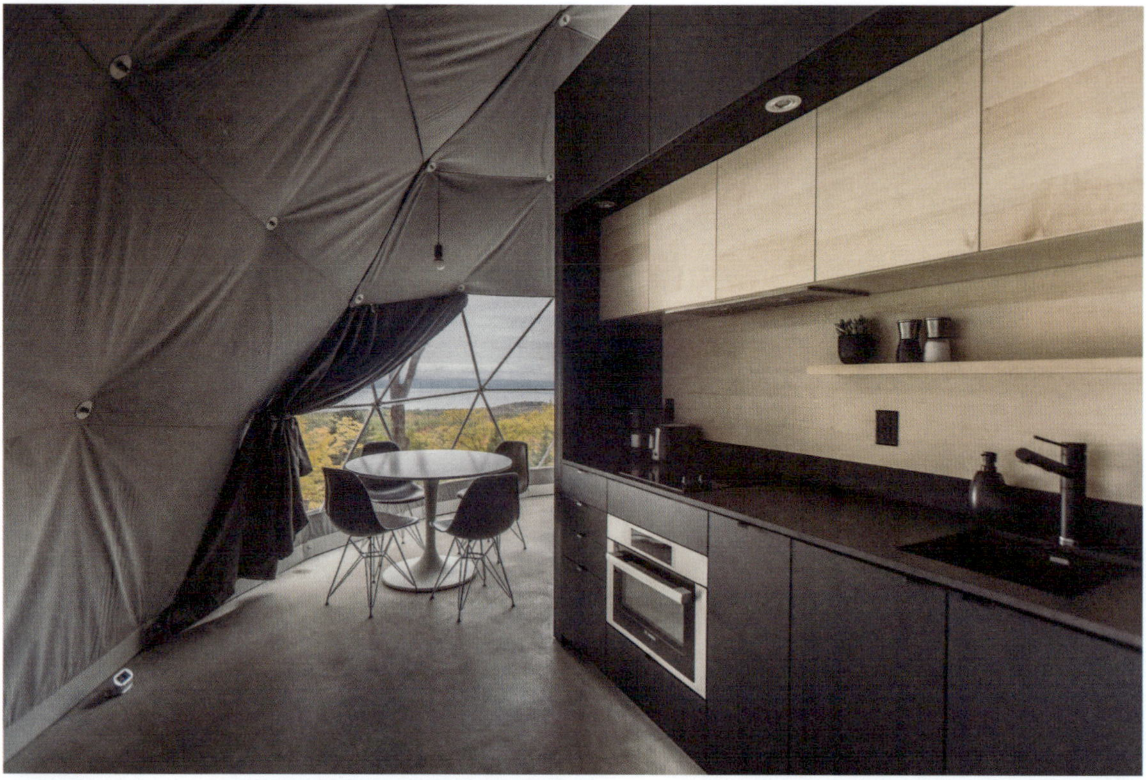

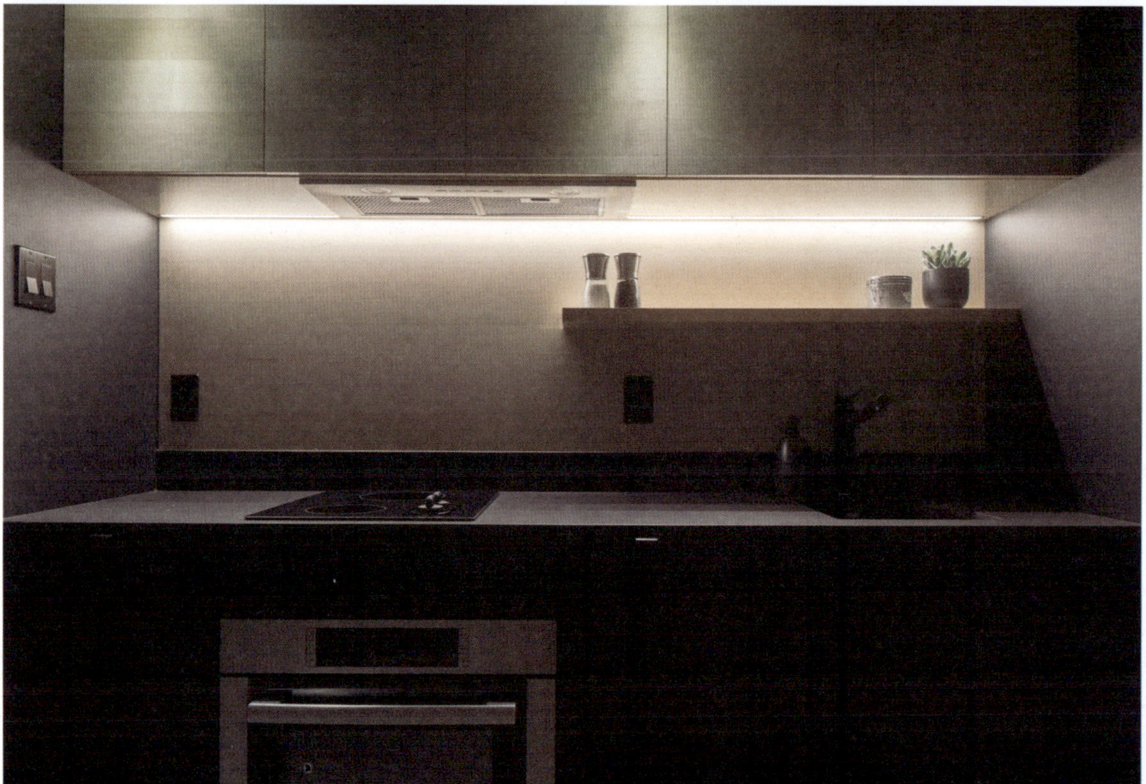

A central service unit contains a kitchen, a Murphy bed, and a bathroom with shower. A ladder leads to a loft bed on top of the service unit.

A section of the canvas can be pulled back, opening the domes to the views and to natural light.

Una unidad de servicio central contiene una cocina, una cama Murphy y un baño con ducha. Una escalera conduce a una cama en el desván en la parte superior de la unidad de servicio.

Una parte de la lona se puede tirar hacia atrás, abriendo las cúpulas a las vistas y a la luz natural.

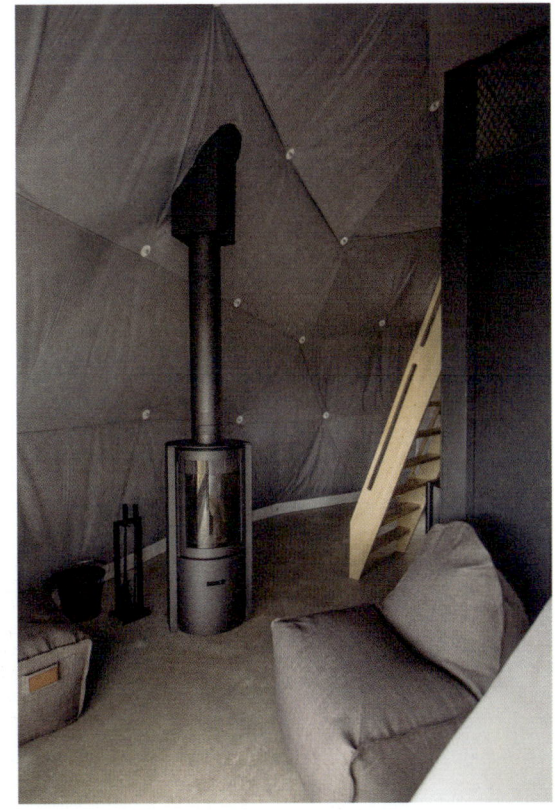

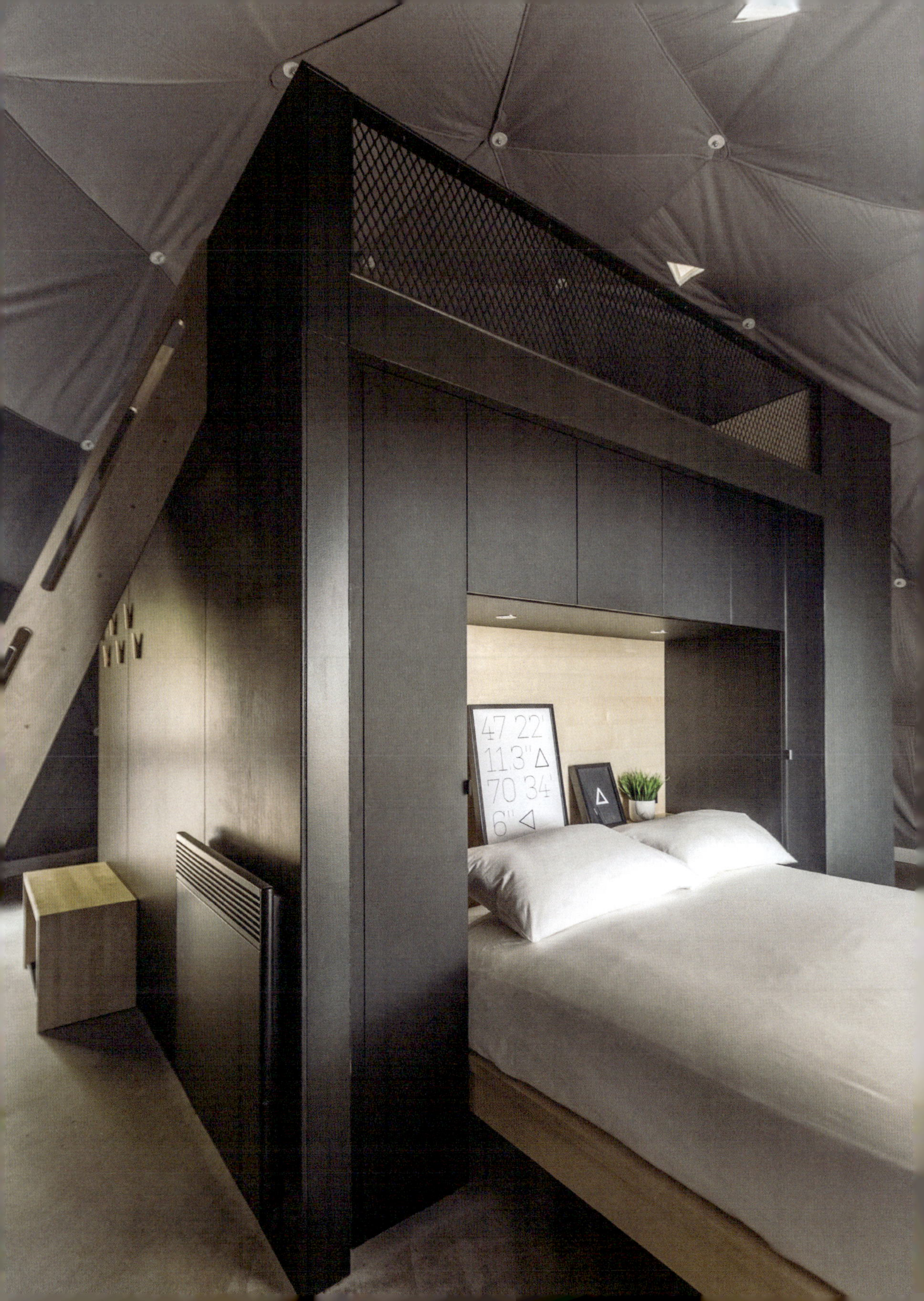
47 22'
11.3"
70 34'
6"

Good insulation is crucial to ensure maximum comfort and energy efficiency. Strong, waterproof, and durable insulating materials should be used to create air-tight interior spaces protected against extreme temperatures, moisture, and wind.

Un buen aislamiento es crucial para garantizar el máximo confort y la eficiencia energética. Se deben utilizar materiales aislantes fuertes, impermeables y duraderos para crear espacios interiores herméticos protegidos contra temperaturas extremas, humedad y viento.

Managing and reducing the carbon footprint is becoming increasingly critical. Buiding in a more environmentally friendly way can start by using sustainable materials, and reduce energy waste.

La gestión y reducción de la huella de carbono es cada vez más crítica. Construir de una manera más respetuosa con el medio ambiente puede empezar por utilizar materiales sostenibles y reducir el desperdicio de energía.

The use of materials, energy, or practices that respond to the principles of sustainability is aimed at limiting the negative impact on natural resources. For instance, carefully managed tree cutting allows forest regeneration at a rate that it can keep up with the need for wood materials.

El uso de materiales, energía o prácticas que respondan a los principios de sostenibilidad tiene como objetivo limitar el impacto negativo sobre los recursos naturales. La tala cuidadosa de árboles permite la regeneración de los bosques a un ritmo que puede mantenerse a la par con la necesidad de materiales de madera.

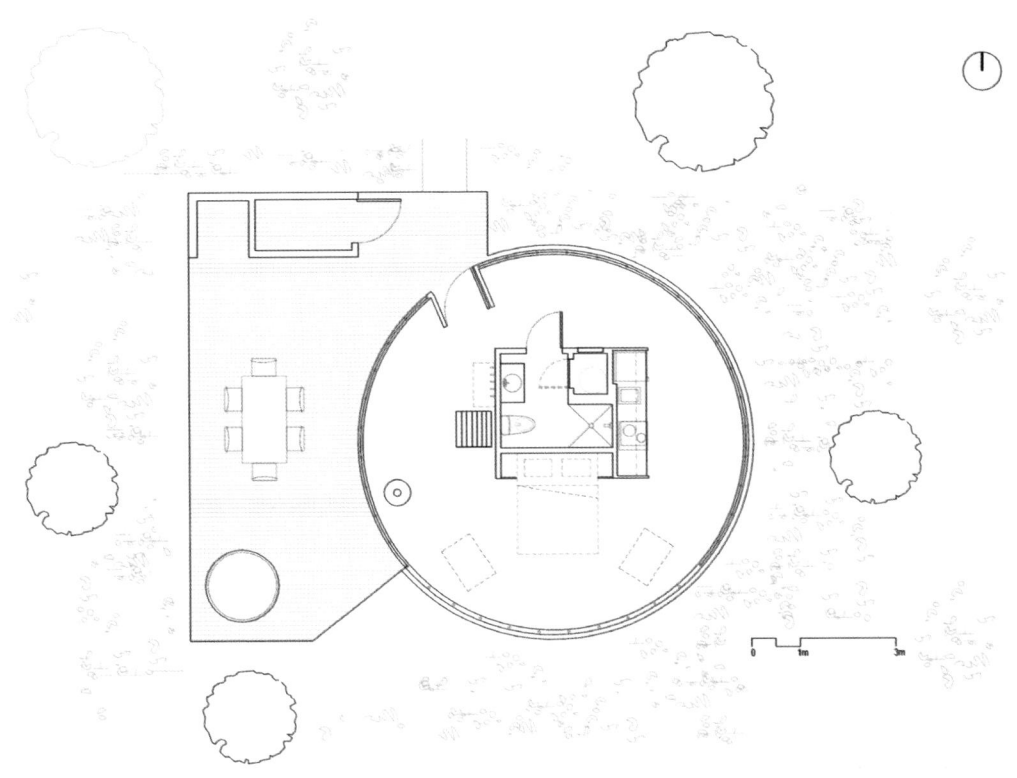

Section

Floor plan

ChAlet

570 sq ft - 53 m²
Y100 Ateliér
Donovaly, Slovakia
© Miro Pochyba and Pavol Stofan

The remodel of an existing mountain cabin highlights the spirit of the place at the edge of a densely forested area, taking into account the environmental factors that anchor the building to its natural context. ChAlet was originally built in the 70s and was being used for occasional stays. With time, it had fallen into disrepair. While the option of tearing it down and rebuilding it was first considered, the owners finally decided to restore it to its original charm. Changes focused on improving comfort and functionality, while the cabin's iconic A-frame was maintained. The sensible modifications contribute to the preservation of an architectural expression linked to the particularities of the site.

La remodelación de una cabaña de montaña existente pone de relieve el espíritu del lugar al borde de una zona densamente arbolada, teniendo en cuenta los factores ambientales que anclan el edificio a su contexto natural. ChAlet fue construido originalmente en los años 70 y se utilizaba para estancias ocasionales. Con el tiempo, se había deteriorado. Si bien la opción de derribarlo y reconstruirlo fue considerada en primer lugar, los propietarios finalmente decidieron restaurarlo, respetando su encanto original. Los cambios se centraron en mejorar el confort y la funcionalidad, mientras que la emblemática estructura en A de la cabaña se mantuvo. Las sensibles modificaciones contribuyen a la preservación de una expresión arquitectónica ligada a las particularidades del lugar.

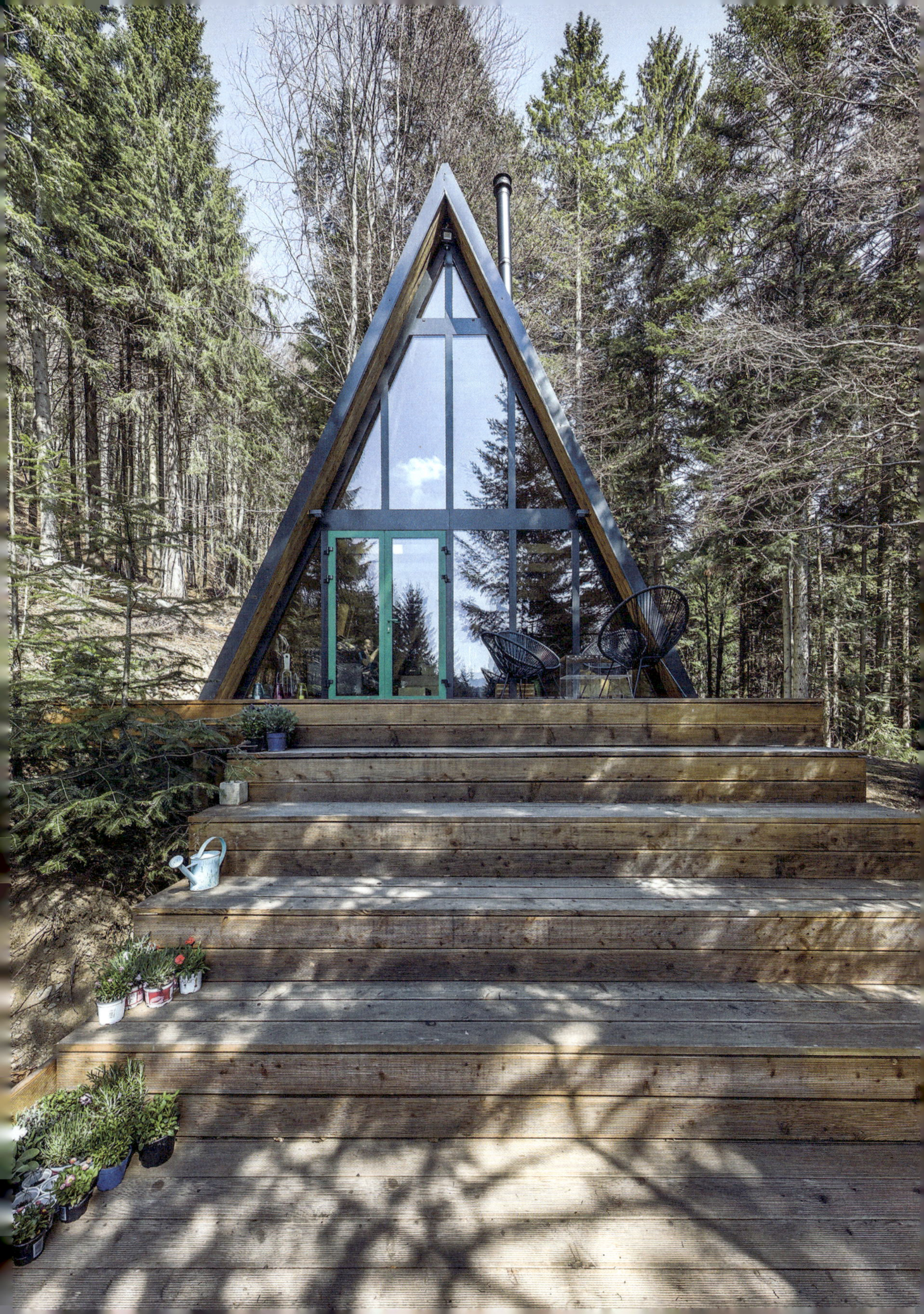

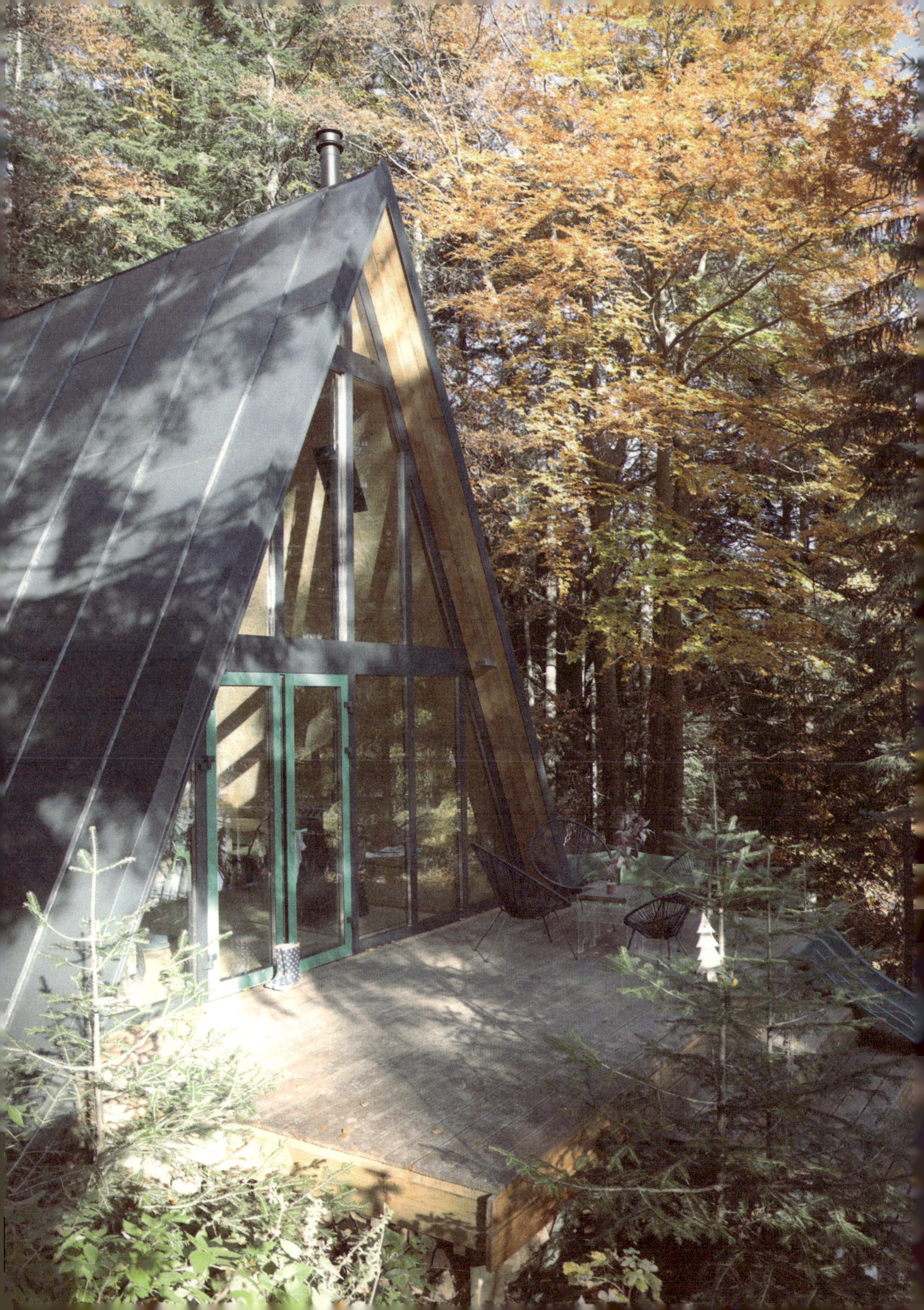

Elevation

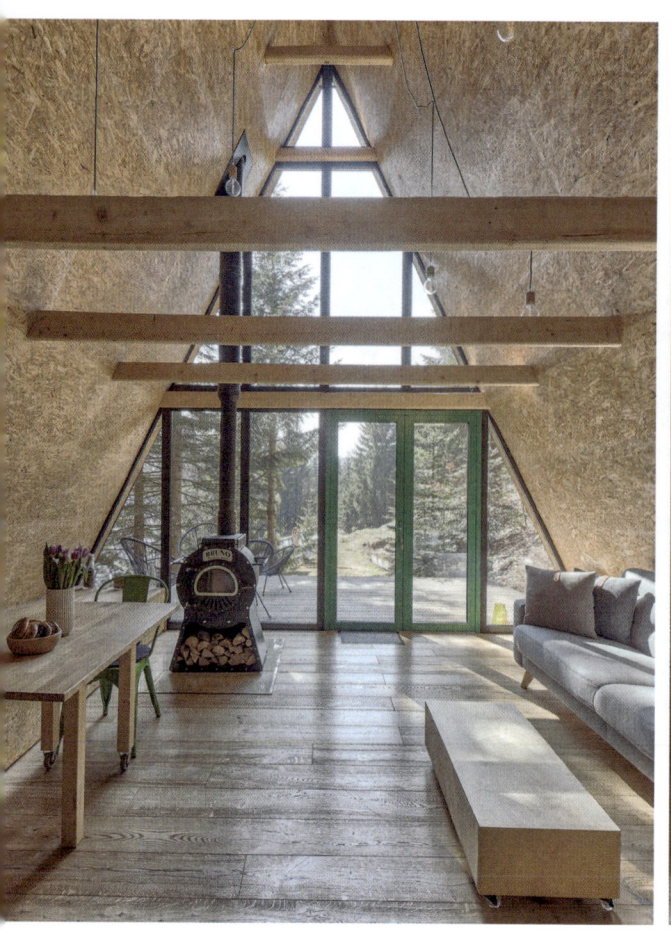

OSB is more efficient than plywood to produce. For its production, farmed trees are used instead of forest-grown. They are both, however, manufactured with PF resins, which emit low levels of formaldehyde. Successful cabin designs celebrate the spirit of the place where they stand, incorporating elements that are real, such as construction materials, and conceptual, such as the cultural heritage of the place through style.

El OSB es más eficiente que el contrachapado. Para su producción se utilizan árboles cultivados en el bosque. Sin embargo, ambos se fabrican con resinas PF, que emiten bajos niveles de formaldehído. Los diseños exitosos de cabañas celebran el espíritu del lugar donde se encuentran, incorporando elementos que son reales, como los materiales de construcción, y conceptuales y como el patrimonio cultural del lugar a través del estilo.

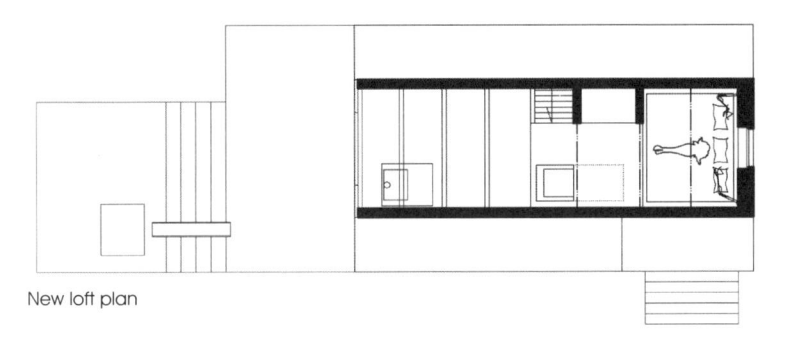

New loft plan

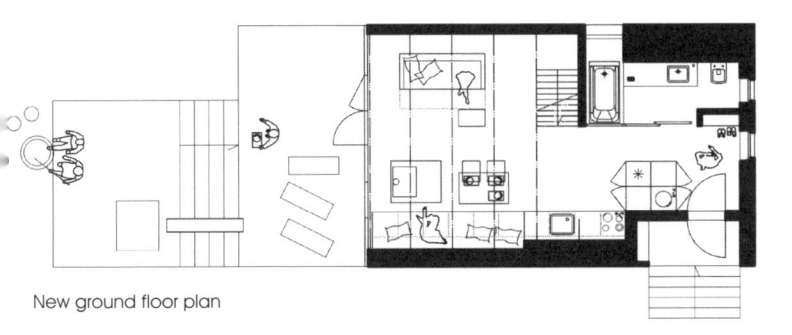

New ground floor plan

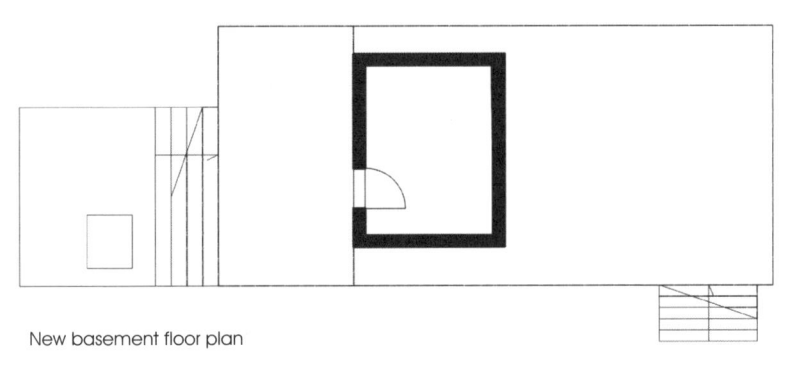

New basement floor plan

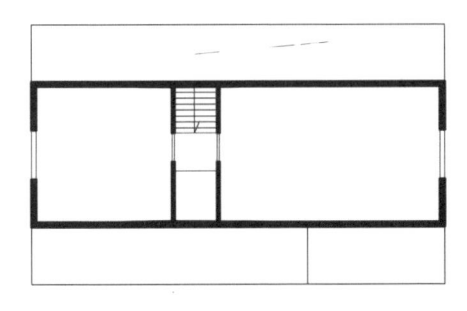

Original second floor plan

Original ground floor plan

The ground floor plan was opened up to create a flexible space and to maximize daylighting and views. The structure, roofing, and staircase were restored. The most expressive element of the remodel is the glass front wall with an eye-catching glass door and bright green frame. In fornt of the cabin, a generous two-level deck with a playground, sandpit, slide, climbing wall, and sitting area connects the chAlet with the surrounding forest.

La planta baja se abrió para crear un espacio flexible y maximizar la luz natural y las vistas. La estructura, el techo y la escalera fueron restaurados. El elemento más expresivo de la remodelación es la pared frontal de cristal con una llamativa puerta de vidrio y un marco de color verde brillante. En el frente de la cabaña, una generosa cubierta de dos niveles con un patio de recreo, arenero, tobogán, pared de escalada y área para sentarse conecta el chAlet con el bosque circundante.

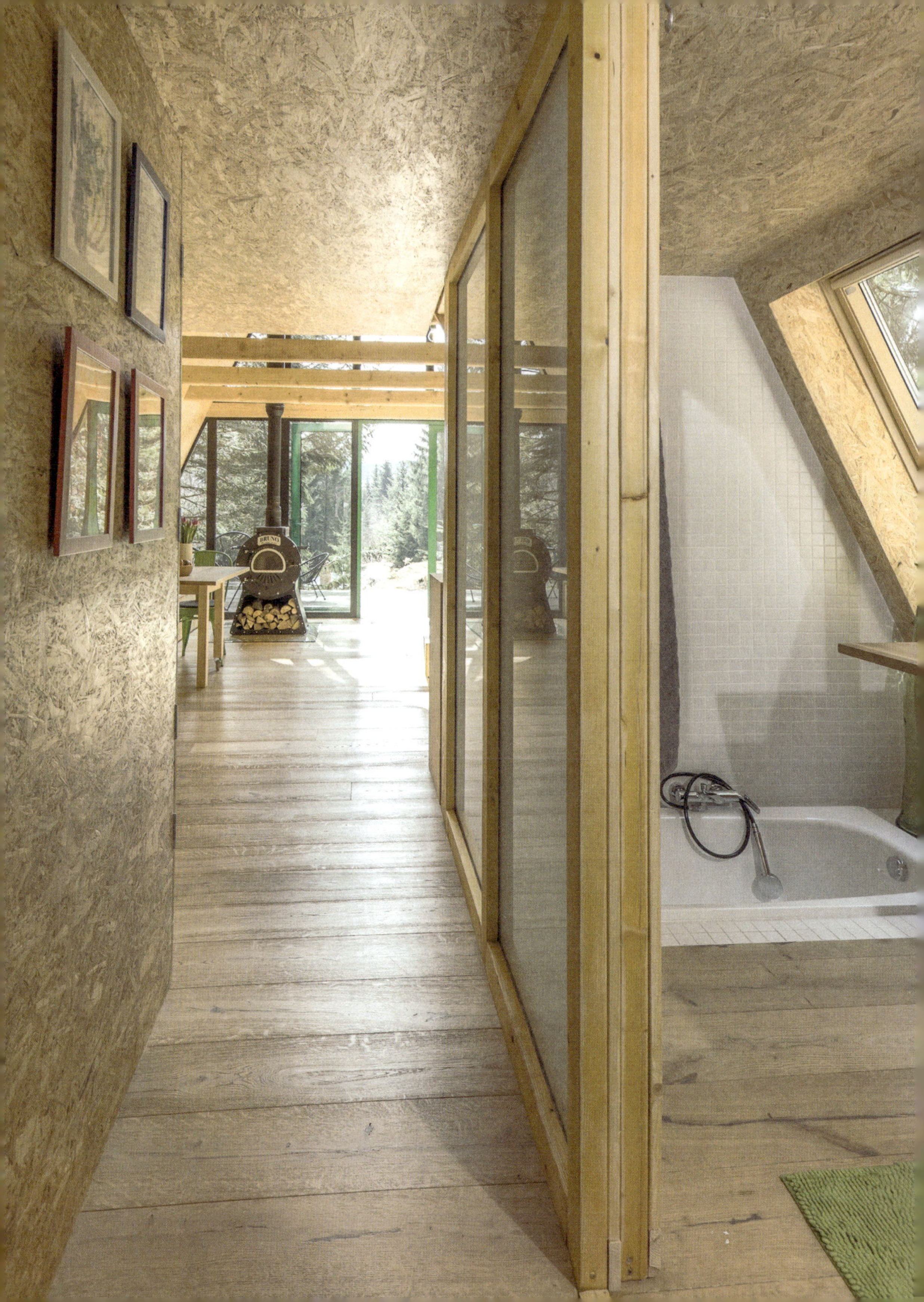

OSB is an engineered wood panel similar to plywood when it comes to strength and performance qualities. OSB's combination of wood and adhesives creates a strong, dimensionally stable surface that resists deformation and deterioration mainly due to moisture.

El OSB es un tablero de madera de ingeniería similar al contrachapado en cuanto a resistencia y rendimiento. La combinación de madera y adhesivos de OSB crea una superficie fuerte y dimensionalmente estable que resiste la deformación y el deterioro debido principalmente a la humedad.

The Hut

600 sq ft - 56 m²
Midland Architecture
Belmont County, Ohio, United States
© Lexi Ribar

The project site has a working cattle farm, which the family purchased in 1981. It was originally part of a strip mine, and through their stewardship, has been reclaimed by forest, grasslands, and lakes. The Hut sits amongst trees, atop a high bank overlooking a lake. Its design was inspired by the Scandinavian concept of hygge, which can be described as a feeling of cozy contentment and wellbeing through the enjoyment of simple things in life. A build team comprised of family and friends constructed the cabin. Heavily influenced by aspects of farming, they used building techniques born out of tradition and logic, with simple materials used economically.

El entorno del proyecto incluye una granja ganadera en funcionamiento, que la familia compró en 1981. Originalmente era parte de una mina exterior, y a través de su administración, ha sido regenerada como bosque, pradera y lagos. La cabaña se asienta entre los árboles, en lo alto de una alta orilla con vistas a un lago. Su diseño se inspira en el concepto escandinavo, que puede describirse como un sentimiento de satisfacción y bienestar acogedor a través del disfrute de las cosas sencillas de la vida. Un equipo de construcción compuesto por familiares y amigos construyó la cabaña. Fuertemente influenciados por aspectos de la agricultura, utilizaron técnicas de construcción nacidas de la tradición y la lógica, con materiales sencillos y económicos.

63

North elevation

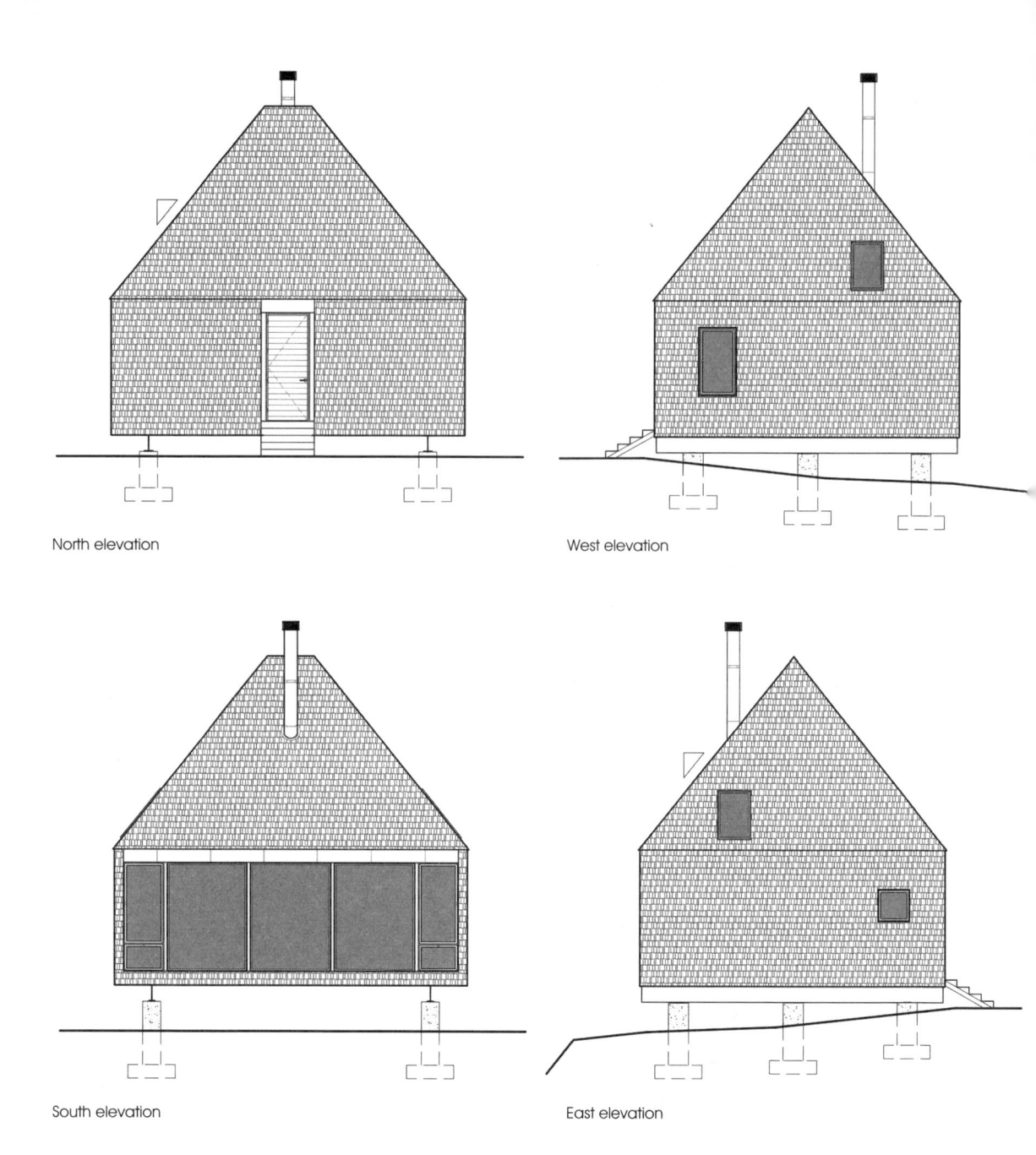

West elevation

South elevation

East elevation

Responding to the principles of sustainability, the cabin sits on a simple foundation of concrete piers to minimize its environmental impact. It runs off solar power and collected rainwater, satisfying the desire for an off-grid retreat.

Respondiendo a los principios de sostenibilidad, la cabaña se asienta sobre una sencilla base de pilares de hormigón para minimizar su impacto ambiental. Recoge agua de lluvia, satisfaciendo el deseo de un retiro off-grid.

Country and crafts styles among others are generally the most suitable styles for cottage and cabin interiors in keeping with an organic architecture that engages with a natural setting. The overall design for the retreat demonstrates an emphasis on craft, in a style that the builders of The Hut like to call Country minimalism.

Los estilos rústicos y artesanales, entre otros, son generalmente los más adecuados para interiores de casas de campo y cabañas, en consonancia con una arquitectura orgánica que se adapta a un entorno natural.
El diseño general del retiro demuestra un énfasis en la artesanía, en un estilo que los constructores de The Hut llaman "minimalismo country".

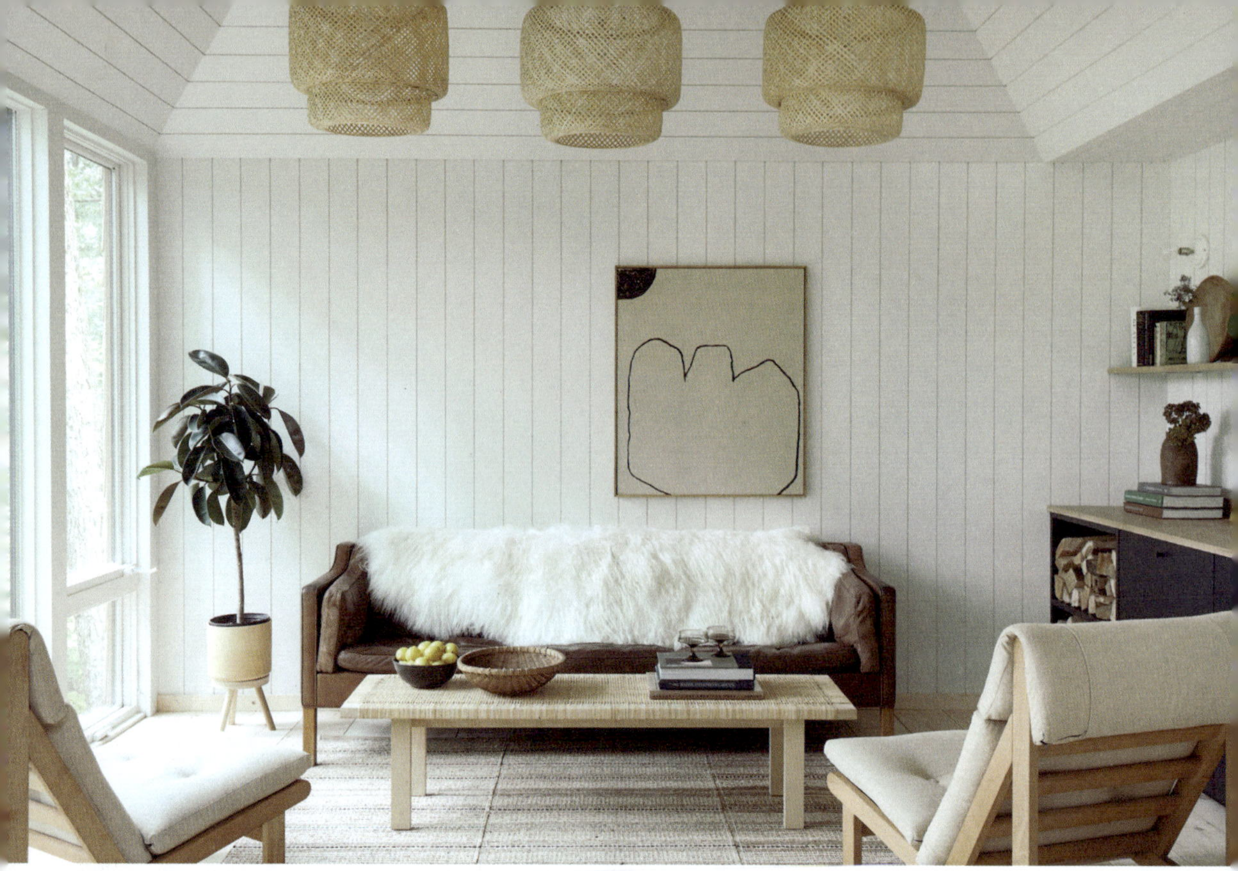

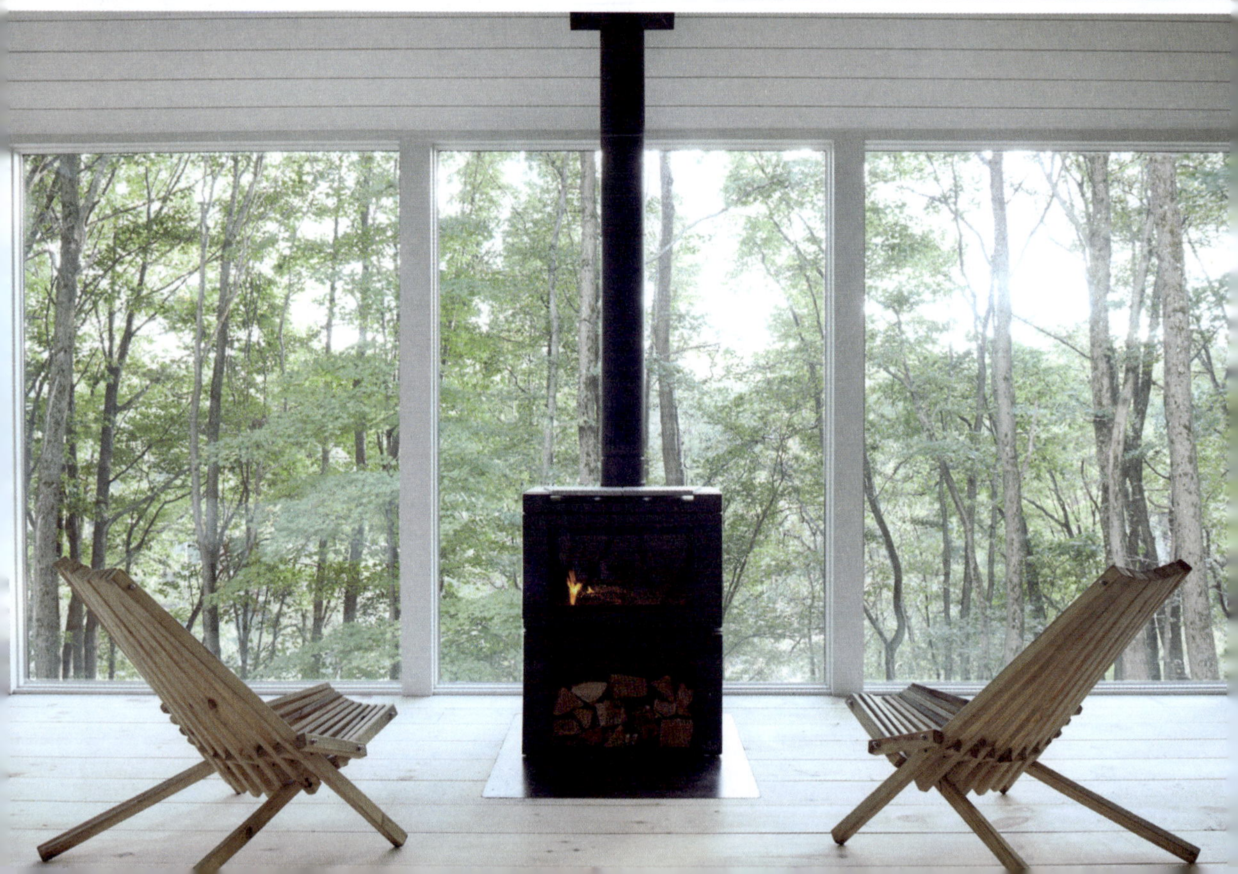

Designed for peace of mind, the outside setting is brought in through a wide expanse of floor-to-ceiling windows. The simple interiors feature bleached Eastern pine floors and white painted wall paneling. The pared-back aesthetic allows the outside landscape to be ever more present in the interior. Contemporary and cozy can coexist. Combine clean lines with organic elements to achieve an atmosphere that is unpretentious yet elegant and attuned to nature.

Diseñado para su tranquilidad, el entorno exterior se introduce a través de una amplia extensión de ventanas colocadas de suelo a techo. Los sencillos interiores presentan suelos de pino oriental blanqueado y paneles de pared pintados de blanco. La estética de la pared trasera permite que el paisaje exterior esté cada vez más presente. Lo contemporáneo y lo acogedor pueden coexistir. Combina líneas limpias con elementos orgánicos para lograr una atmósfera sin pretensiones pero elegante y en sintonía con la naturaleza.

Mini-Mod

684 sq ft - 60 m²
Framestudio
Sea Ranch, California, United States
© Drew Kelly and Adam Rouse

This weekend home designed by Joseph Esherick and Associates in 1968 is one of a series of dwellings commissioned by The Sea Ranch developer Oceanic Properties with the intent to establish a community that appreciates and sustains natural beauty. The typical construction is an example of well designed, ecologically sensitive, and affordable weekend homes. Because of their simple layout and small size, few of these homes remain in their original state. Framestudio sought an approach to the project that preserves the architectural intent of the structure while making functional additions that adapt the home to a contemporary lifestyle.

Esta casa de fin de semana diseñada por Joseph Esherick and Associates en 1968 forma parte de una serie de viviendas encargadas por el promotor Oceanic Properties de The Sea Ranch con la intención de establecer una comunidad que aprecia y sostiene la belleza natural. La construcción típica es un ejemplo de casas de fin de semana bien diseñadas, ecológicamente sensibles y asequibles. Debido a su diseño simple y tamaño pequeño, pocas de estas casas permanecen en su estado original. Framestudio buscó un enfoque del proyecto que preservara la intención arquitectónica de la estructura a la vez que realizara ampliaciones funcionales que adaptaran el hogar a un estilo de vida contemporáneo.

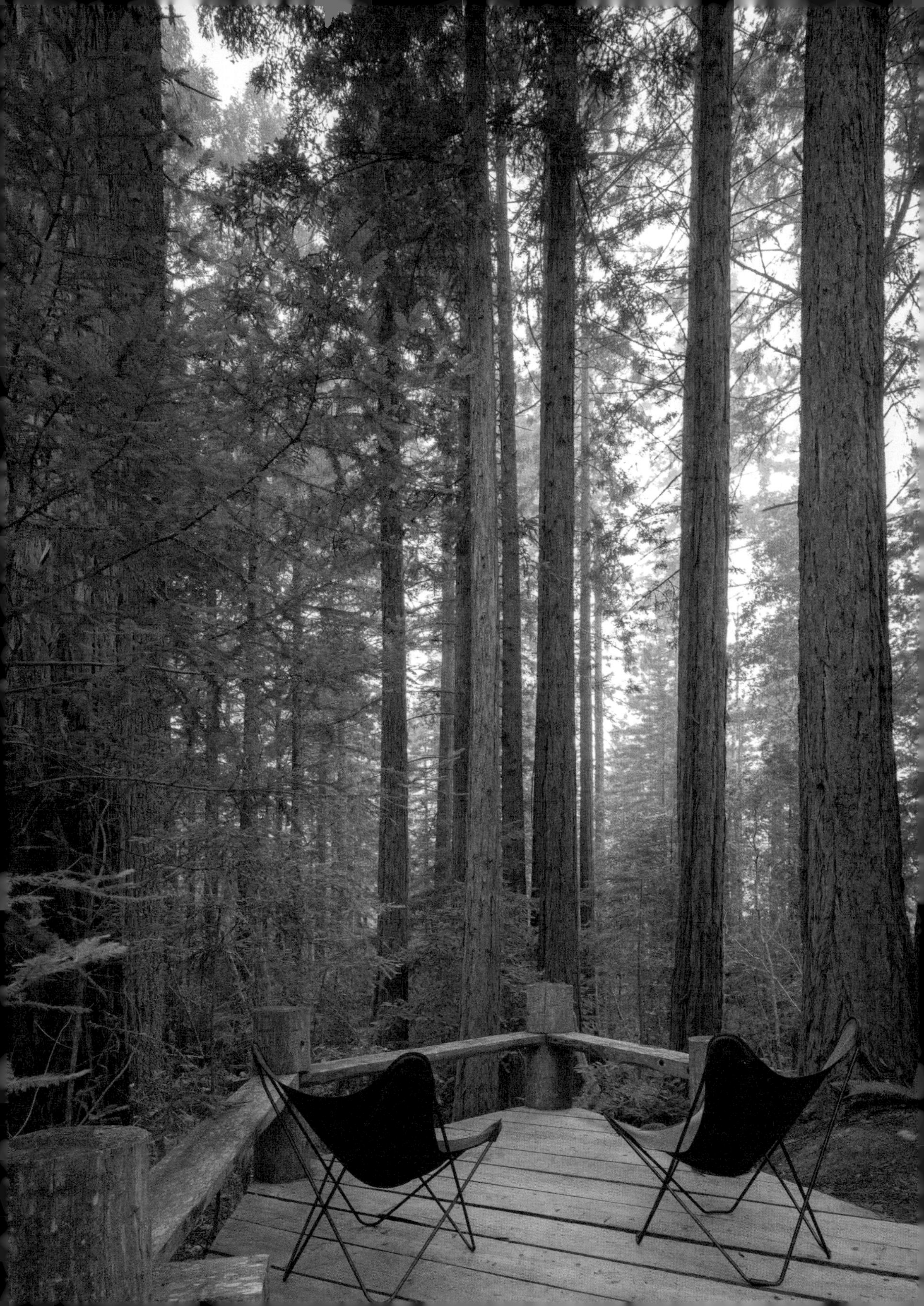

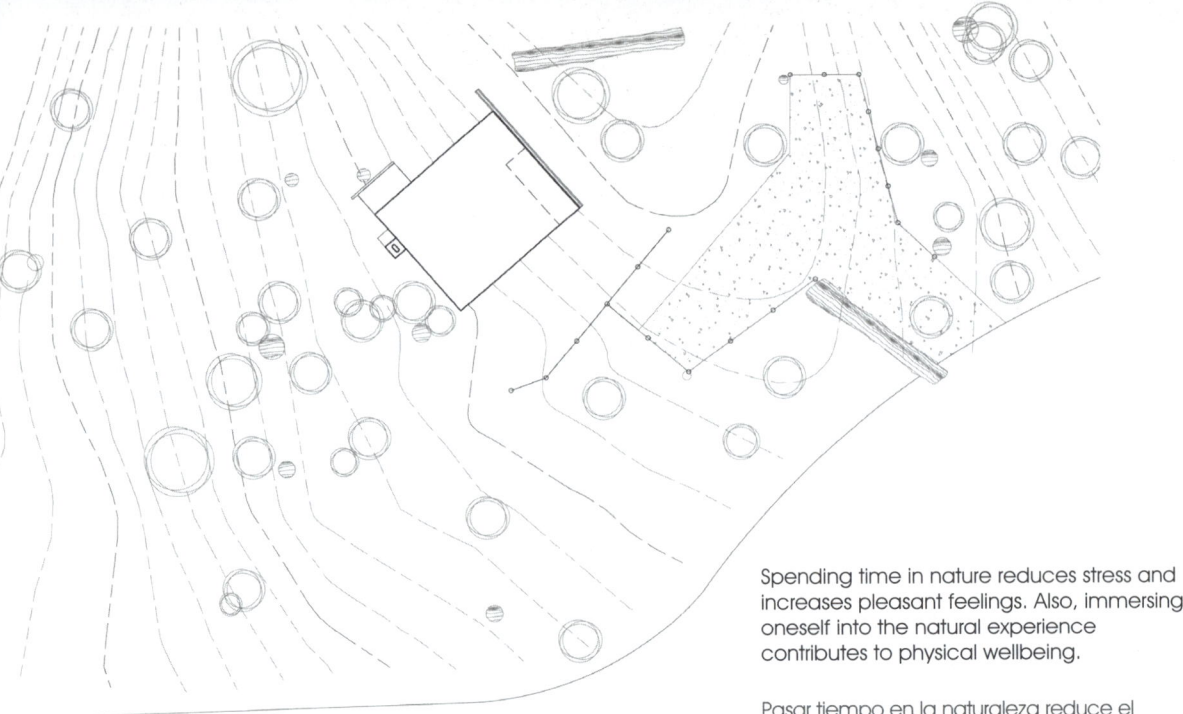

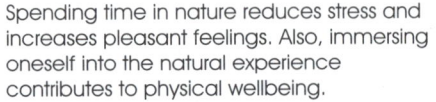

Spending time in nature reduces stress and increases pleasant feelings. Also, immersing oneself into the natural experience contributes to physical wellbeing.

Pasar tiempo en la naturaleza reduce el estrés y aumenta las sensaciones agradables. Además, sumergirse en la experiencia natural contribuye al bienestar físico.

Site plan

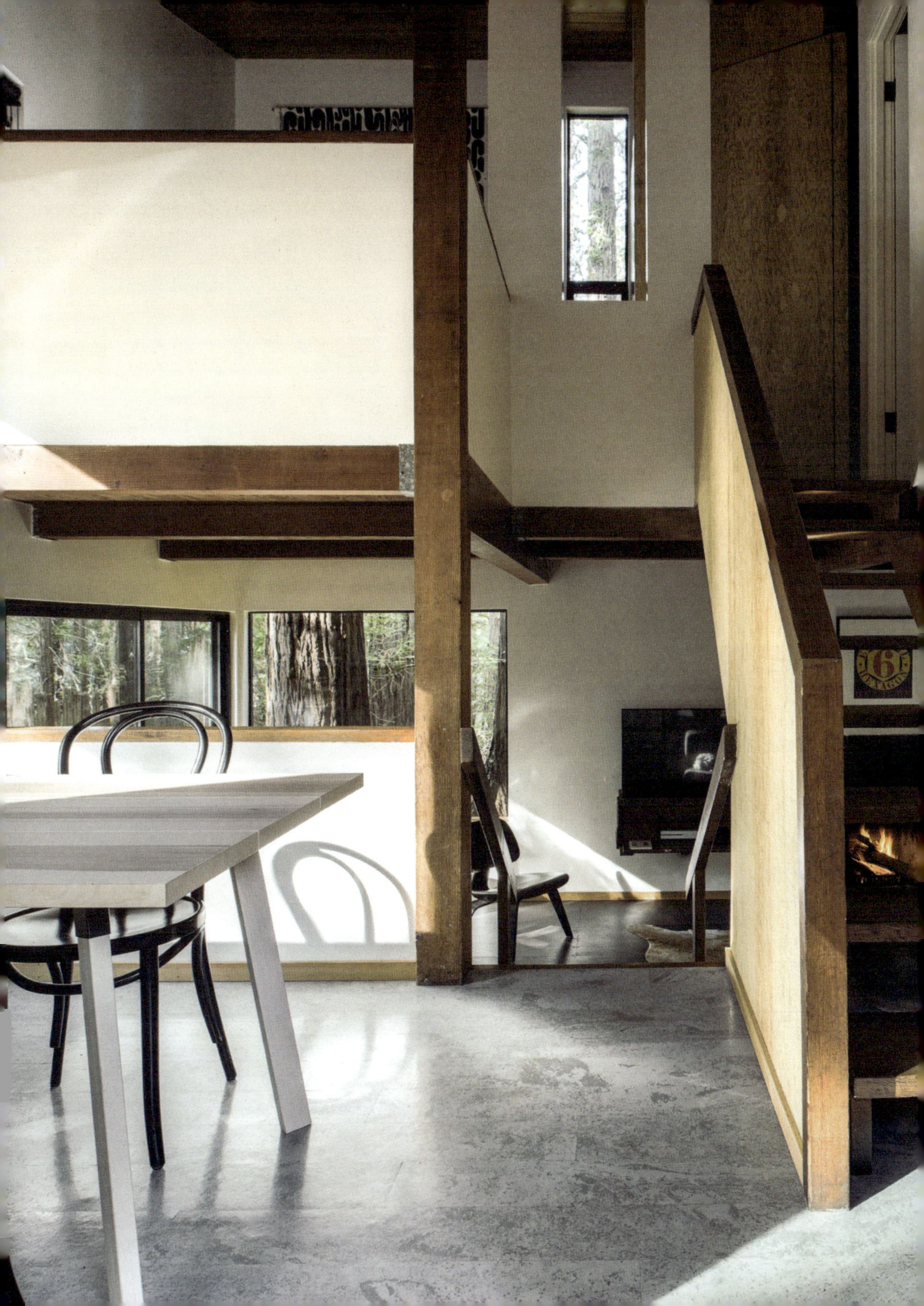

The bulk of work on projects like these is by design, invisible. This home received a down to the studs update of the building systems and technology which brought the performance and comfort of the home up to today's expectations.

La construcción de esta casa comportó la actualización de los sistemas de construcción y la tecnología, aportando el confort de un estilo de vida moderno

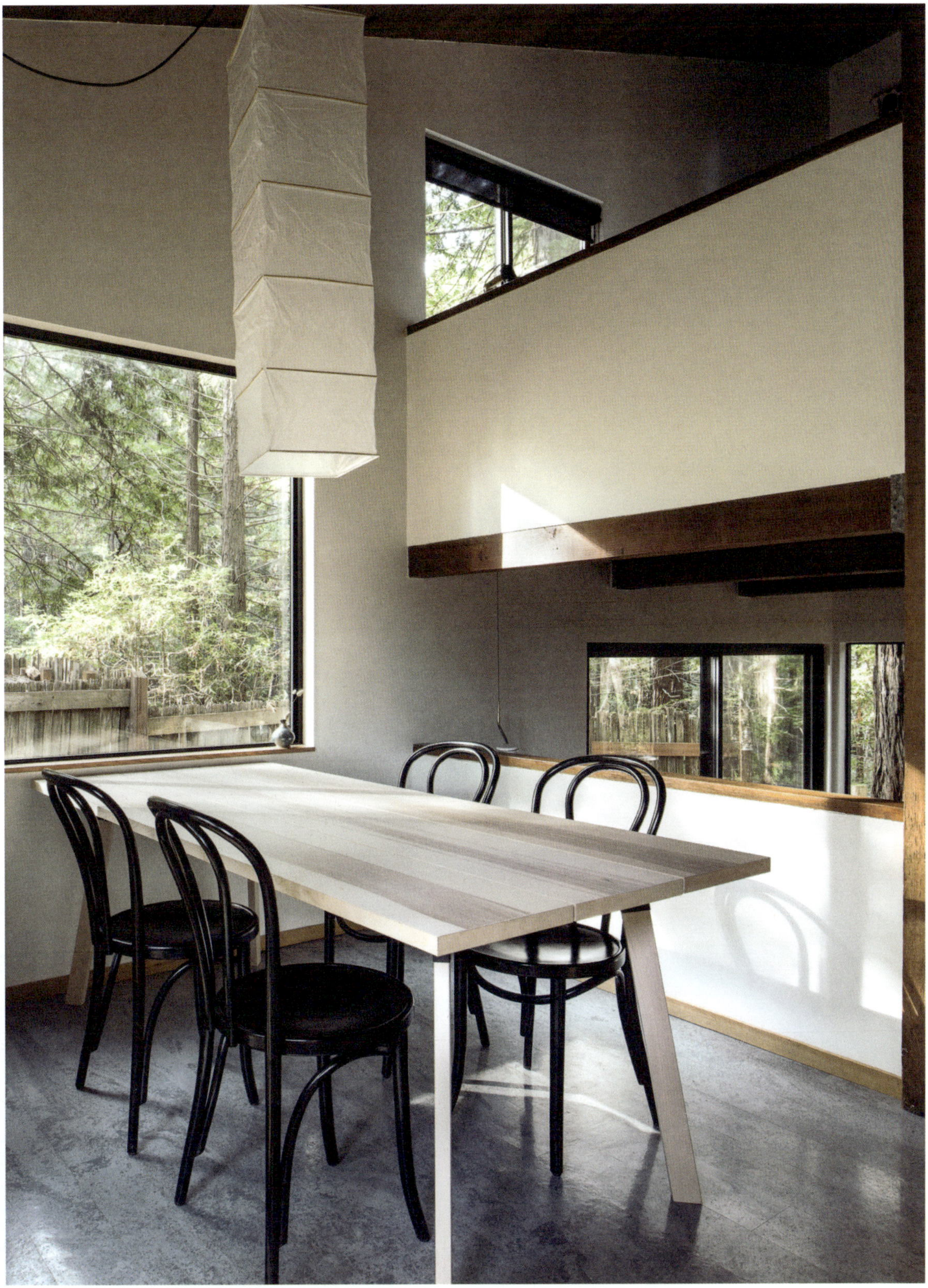

The cabin's 20' by 20' footprint consists of three levels, which open onto one another, forming a loft-like space. The new elements were designed to respect the original architecture. In line with this criterion, a privacy door to the bunk room that becomes part of the panelling when open, keeping intact the open plan design.

La cabaña tiene una superficie de 20 x 20 pies y consta de tres niveles que se abren uno sobre el otro, formando un espacio en forma de loft. Los nuevos elementos fueron diseñados para respetar la arquitectura original. De acuerdo con este criterio, una puerta de la habitación de literas se convierte en parte del revestimiento al abrirse, manteniendo intacto el diseño de planta abierta.

0 5' 10'

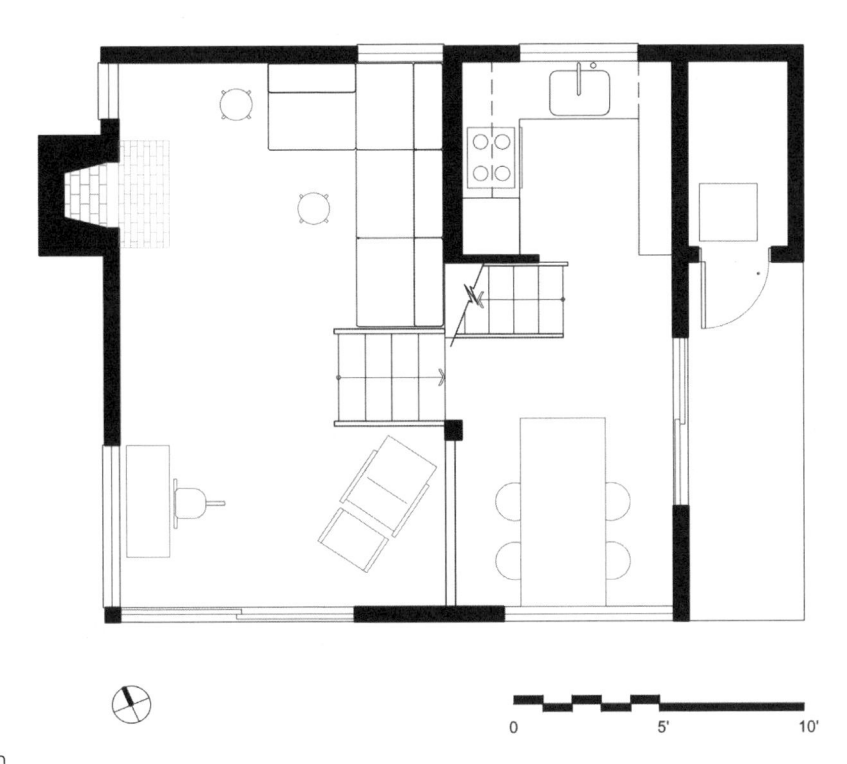

Ground floor plan

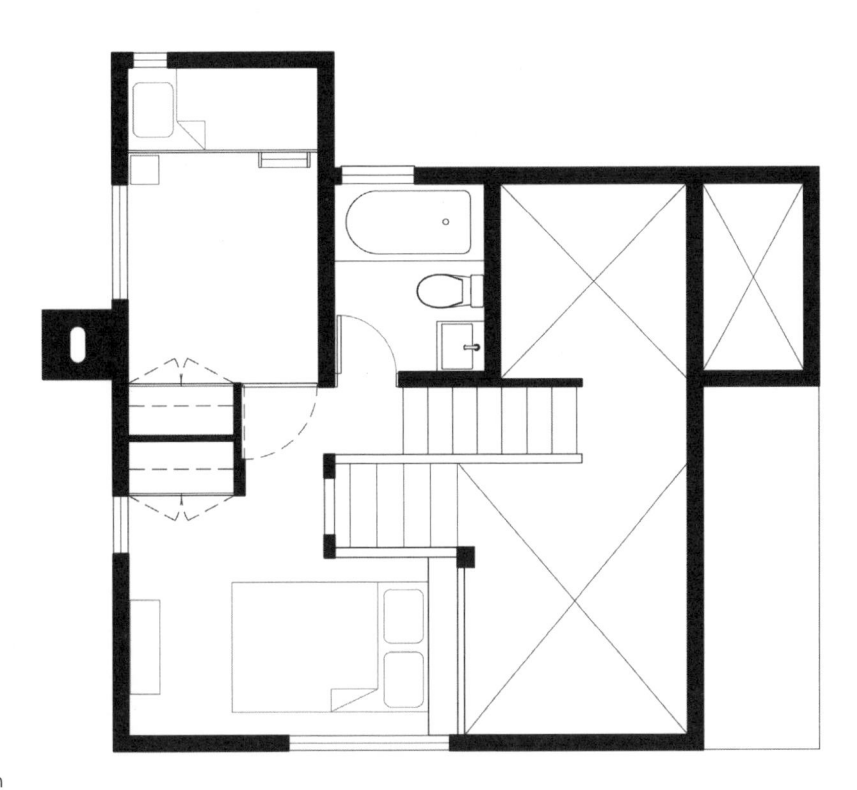

Second floor plan

AB Studio

678 sq ft - 63 m²
Copeland Associates Architects
Taihape, New Zealand
© Copeland Associates Architects

This small cabin was designed to provide a retreat for relaxation and quiet contemplation in harmony with its natural surroundings. It is located on a south-facing slope overlooking the town of Taihape with its layers of hills beyond, stretching to the Ruahine Ranges. Originally, the retreat was to be a studio for art practice and a base from which to explore the landscapes of the Manawatu-Rangitikei region. The brief then extended to require accommodation for occasional gatherings with friends. Locally sourced materials and technologies were implemented into the design of the cabin, limiting carbon footprint, optimizing energy performance, and building economically in this remote site.

Esta pequeña cabaña fue diseñada para proporcionar un retiro de relajación y contemplación en armonía con su entorno. Está situada en una ladera orientada al sur con vistas a la ciudad de Taihape, rodeada de colinas que se extienden hasta la cordillera de Ruahine. Originalmente, el retiro iba a ser un estudio para la práctica del arte y una base desde la cual explorar los paisajes de la región de Manawatu-Rangitikei. El proyecto se amplió para requerir alojamiento para reuniones ocasionales con amigos. Se utilizaron materiales y tecnologías de origen local en el diseño, limitando el impacto del carbono, optimizando el rendimiento energético y construyendo de forma económica.

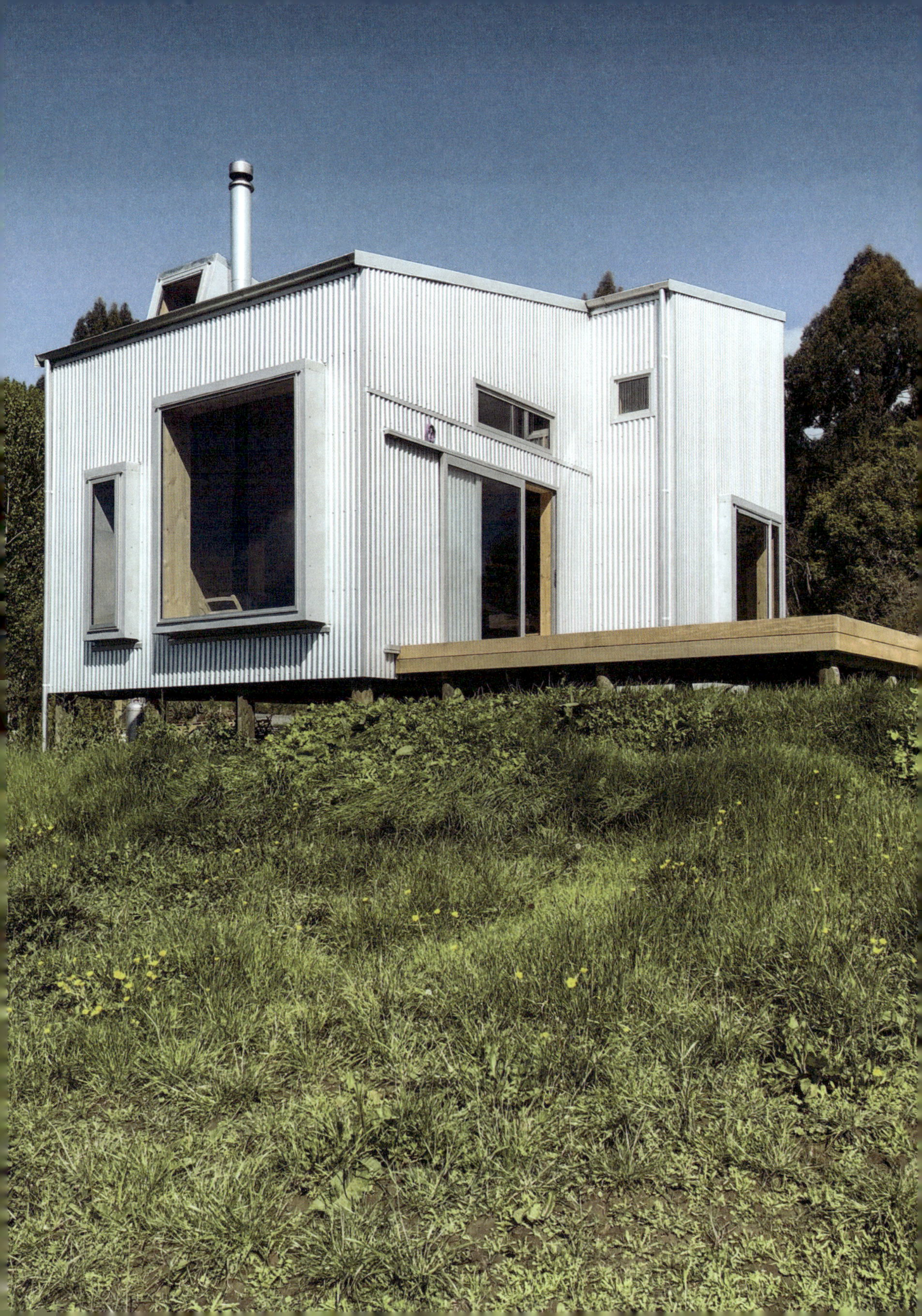

Causing minimal disturbance to the natural terrain, the cabin's structure consists of prefabricated panels assembled on a grid of supporting timber piles, raised well above the ground. The panels, manufactured from cross-laminated timber, form floors, walls, and roof all exposed and clear finished. Doors, kitchen cabinetry, and laundry benches are made from offcuts of the same material.

La estructura de la cabaña se compone de paneles prefabricados montados sobre una rejilla de pilotes de madera que se elevan muy por encima del suelo. Los paneles, fabricados con madera laminada en forma de cruz, forman niveles, paredes y techos, todos con acabado transparente y a la vista. Las puertas, mobiliario de cocina y bancos de lavandería están hechos de recortes del mismo material.

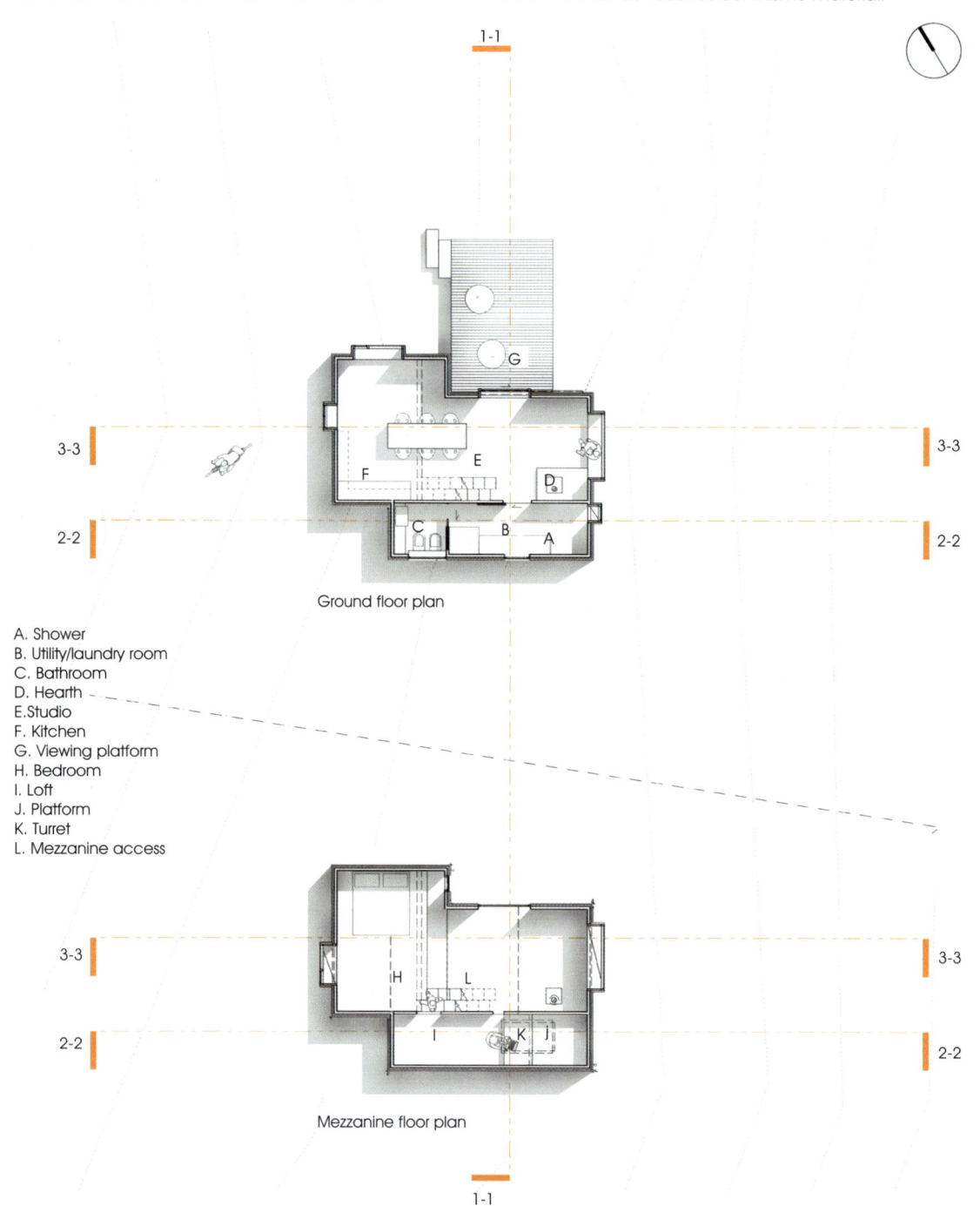

Ground floor plan

A. Shower
B. Utility/laundry room
C. Bathroom
D. Hearth
E. Studio
F. Kitchen
G. Viewing platform
H. Bedroom
I. Loft
J. Platform
K. Turret
L. Mezzanine access

Mezzanine floor plan

Pallets, packing fillets, and CLT factory offcuts were all saved to make joinery fittings, including doors, cabinets, and benches. The high thermal mass of the CLT panels, coupled with good external insulation, provides a comfortable interior environment throughout the seasons. Wood, readily available locally, is used for heating.

Los recortes de fábrica de CLT se ahorraron para hacer accesorios de carpintería, incluyendo puertas, mobiliario y bancos. La alta masa térmica de los paneles CLT, junto con un buen aislamiento proporciona un ambiente interior confortable durante toda la temporada. La madera, de origen local, se utiliza para la calefacción.

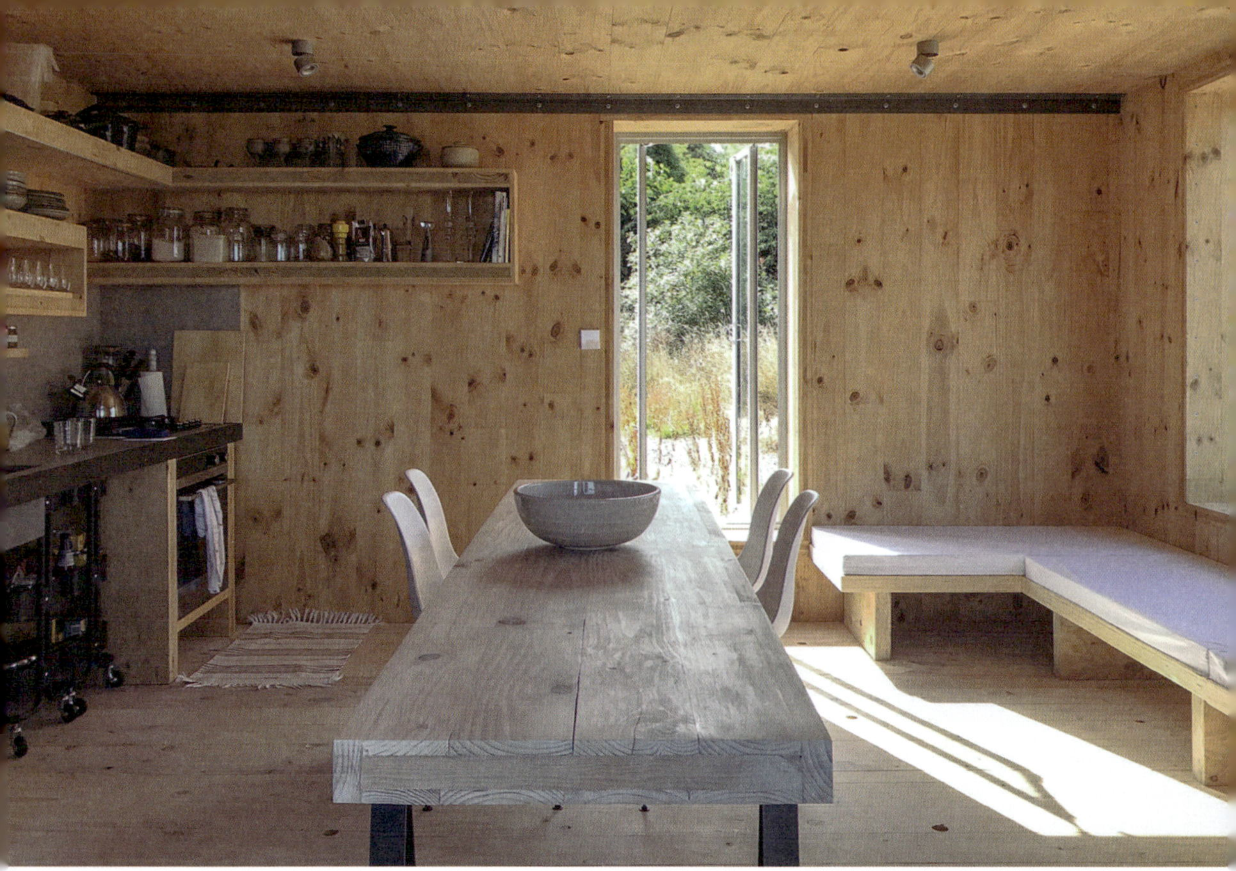

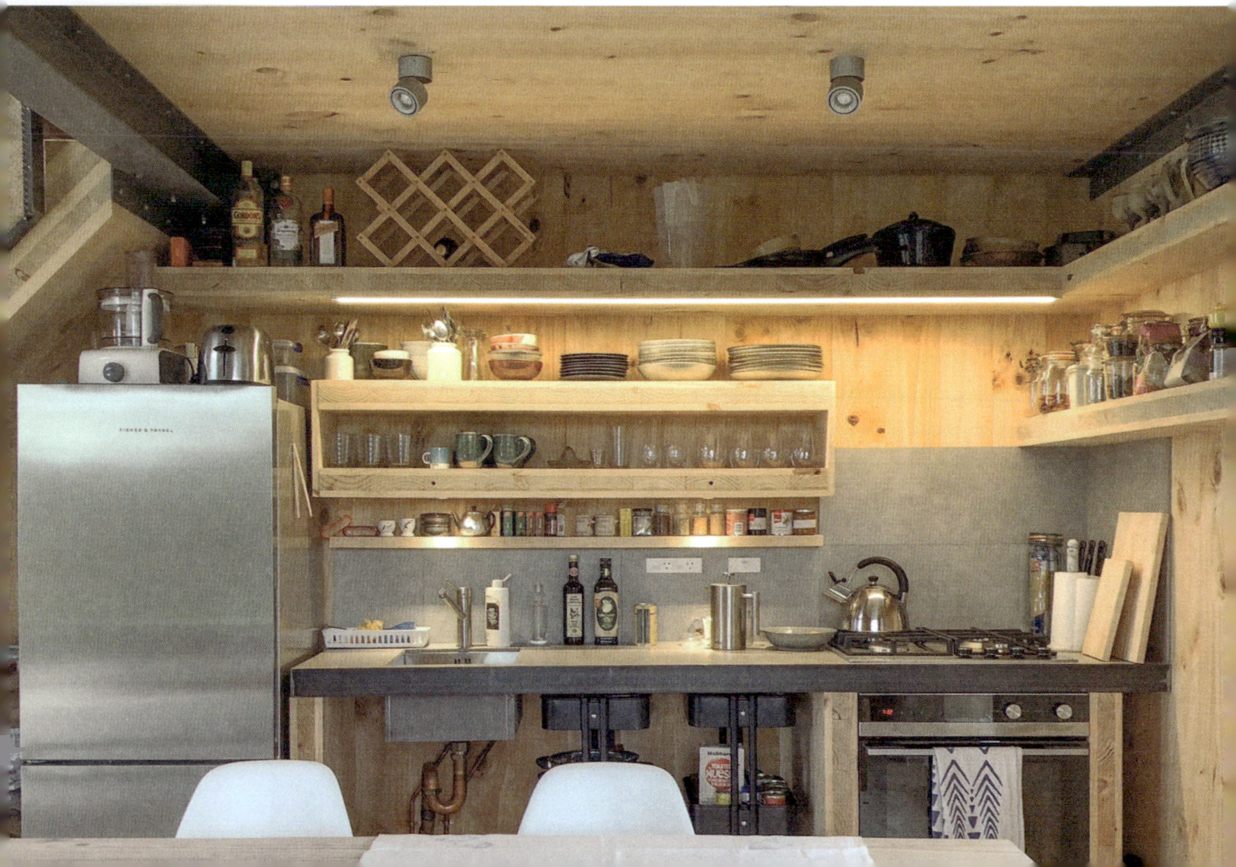

The use of prefabricated cross-laminated timber panels was led by the desire for a solid, warm enclosure. Another advantage was the ability to build quickly. The precision-made panels were assembled on-site in two days. Followed immediately by fitting the aluminium windows, a weatherproof shell was ready for internal finishing and external cladding in just over a week.

El uso de paneles prefabricados de madera laminada cruzada fue impulsado por el deseo de un cerramiento sólido y cálido. Otra ventaja era la capacidad de construir de forma rápida. Los paneles de precisión se ensamblaron en el lugar en dos días. Inmediatamente después se instalaron ventanas de aluminio y una carcasa resistente a los efectos de la intemperie. El revestimiento exterior se completó en poco más de una semana.

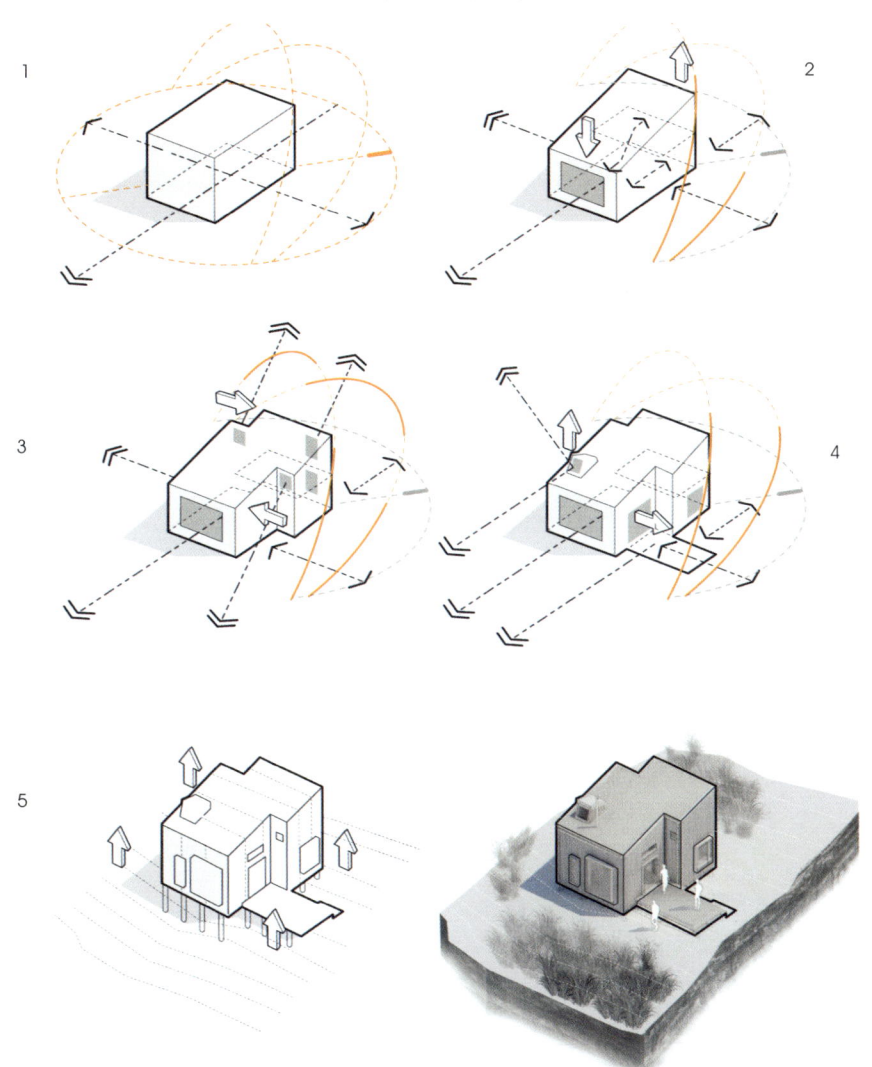

Environmental diagrams

1. Sun, site, and context orientation.
2. Main view shaft, sleep, utility and form modifications to inform internal layout.
3. Pushing and pulling form to maximize daylight gain and opportunities for views.
4. Pulling out the turret to the sky, activating the edges to the surroundings.
5. Elevating from the ground plane to maximize views and pushing views out to activate wall edges.

Diagramas ambientales

1. Orientación al sol, al lugar y al contexto.
2. Eje de vista principal, suspensión, utilidad y modificaciones de forma para integrar la disposición interna.
3. Maximizar la ganancia de luz diurna y las oportunidades de las vistas exteriores.
4. Sacando la torreta hacia arriba, integrando la estructura al entorno.
5. Elevación para maximizar las vistas.

The number and size of openings can influence the perception of spaces. Openings on various surfaces will make spaces look larger than they actually are, mainly because they allow in great amounts of light.

El número y el tamaño de las aberturas pueden influir en la percepción de los espacios. Las aberturas en varias superficies harán que los espacios se vean más grandes de lo que realmente son, principalmente porque permiten grandes cantidades de luz.

83

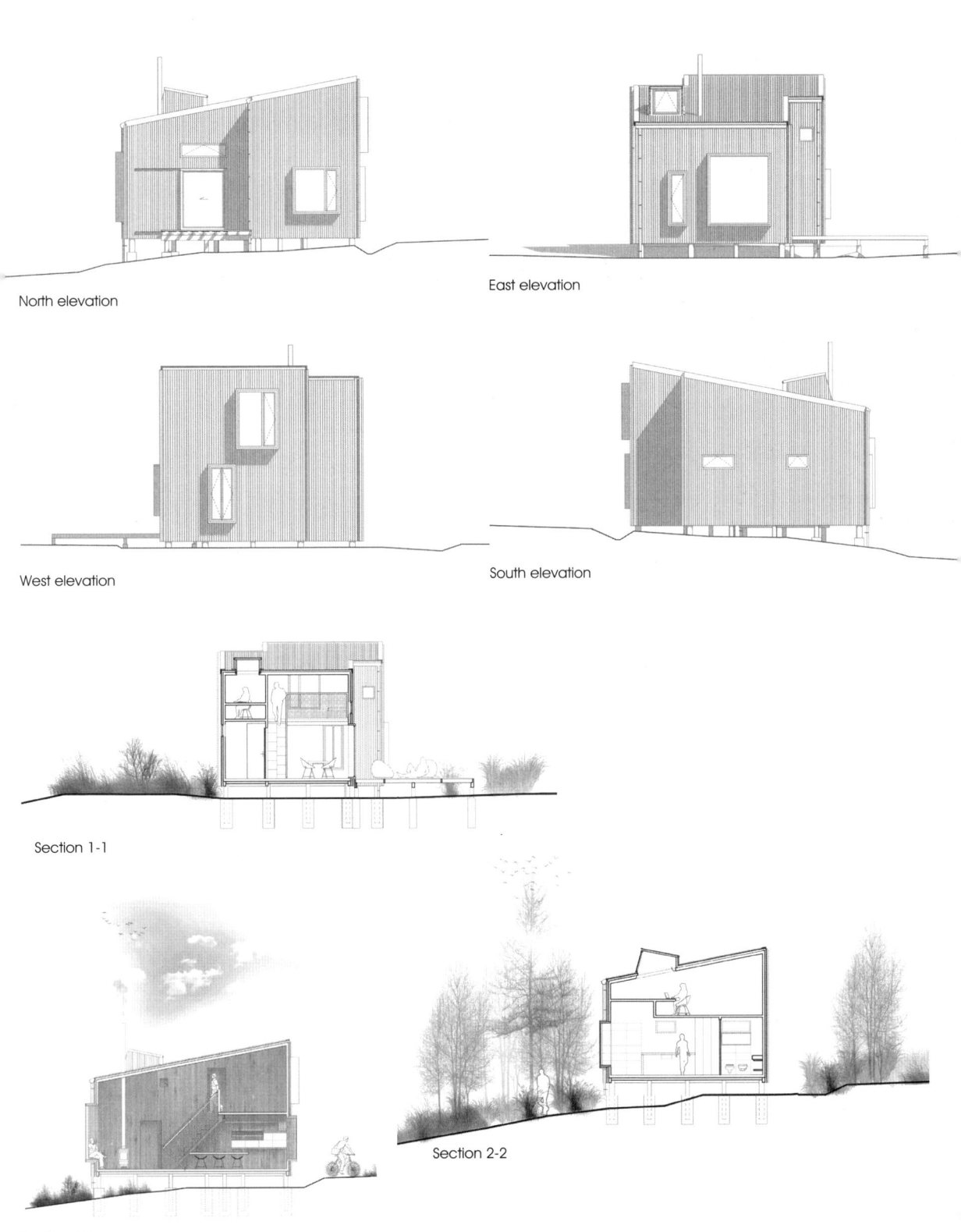

North elevation

East elevation

West elevation

South elevation

Section 1-1

Section 3-3

Section 2-2

A-Frame Renovation

690 sq ft - 64 m²
Jean Verville Architecte
Saint Adolfe D'Howard, Canada
© Maxime Brouillet

The cottage, built in the 1960s on an enchanting site of the Laurentians, presents the characteristic form of an A-frame construction. Once the interior was demolished and the structure completely cleared from the inside, the architect exploited the triangular structural form. The monotony of a pre-established spatial organization was rejected in favor of a new layout that provides a relaxing feeling for this family retreat away from urban frenzy. These choices generated a rhythmic plan, resulting in a compact floor plan which gives the rehabilitation balance and coherence, offering much more in quality than it loses in quantity.

La cabaña, construida en los años 60 en un sitio encantador de los Laurentians, presenta la forma característica de una construcción en forma de A. Una vez que el interior fue demolido y la estructura completamente despejada desde el interior, el arquitecto explotó la forma estructural triangular. La monotonía de una organización espacial preestablecida fue rechazada a favor de una nueva disposición que proporciona una sensación de relajación para este retiro familiar situado lejos del frenesí urbano. Estas elecciones generaron un plan rítmico, resultando en una planta compacta que da equilibrio y coherencia a la rehabilitación, ofreciendo mucho más en calidad de lo que pierde en cantidad.

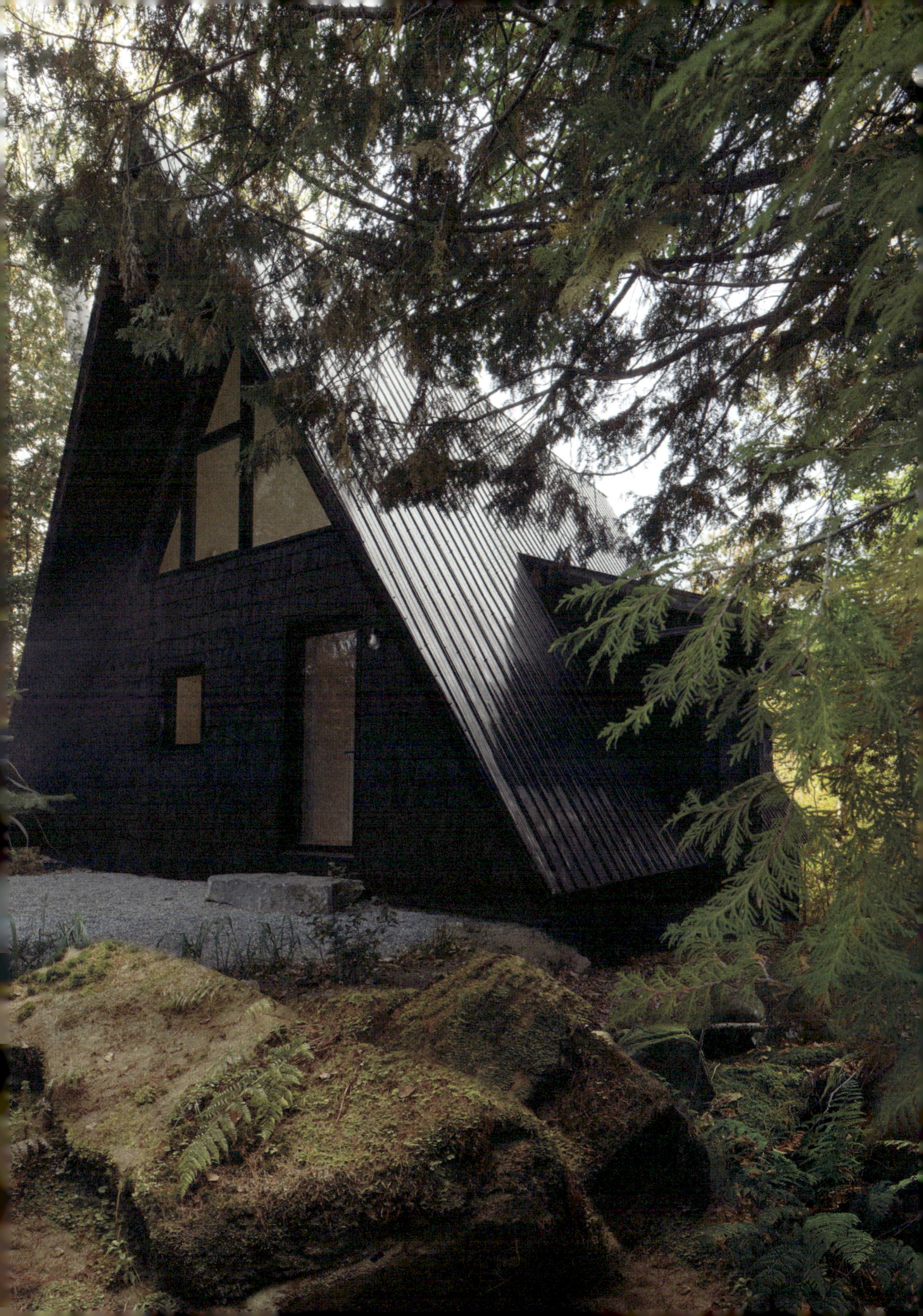

Lower floor plan

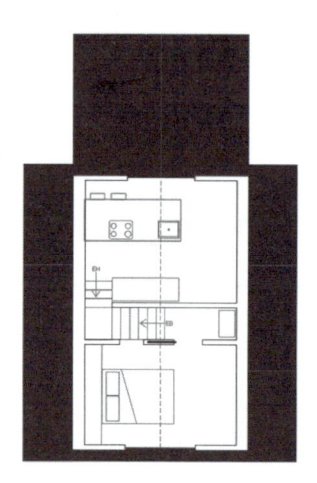

Upper floor plan

Elevations

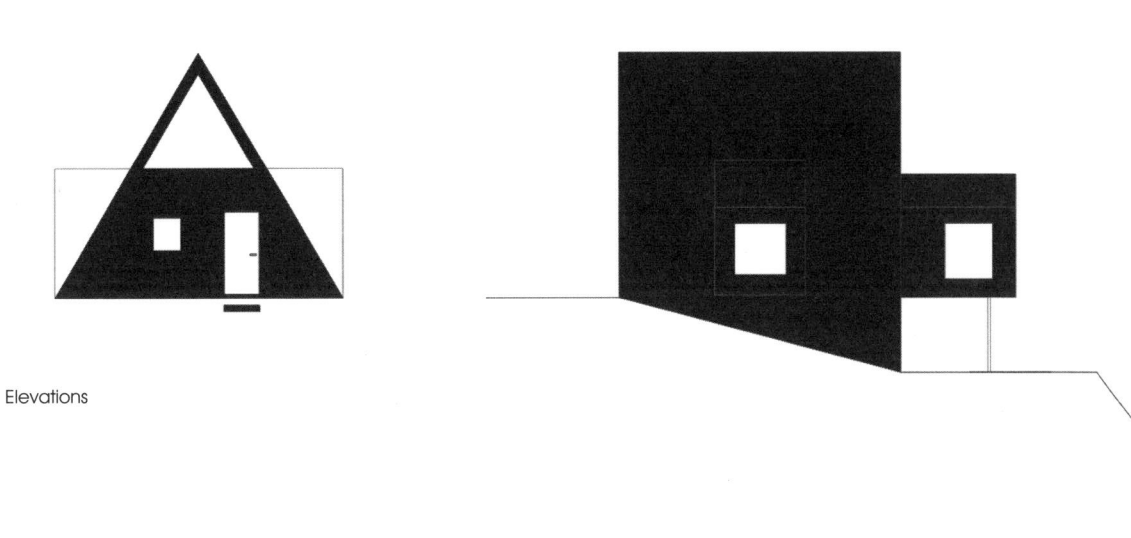

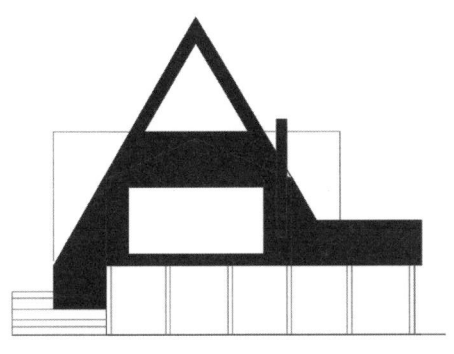

Elevations

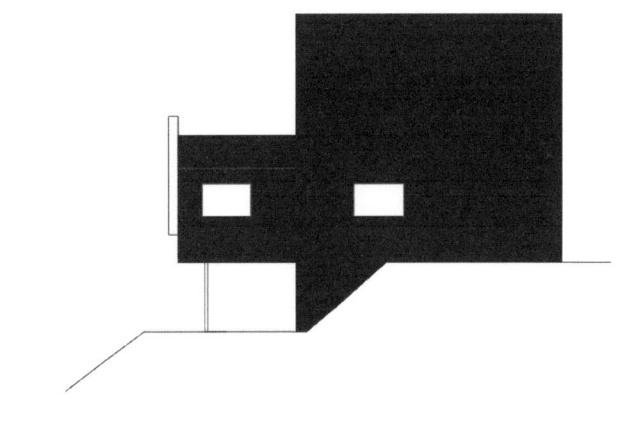

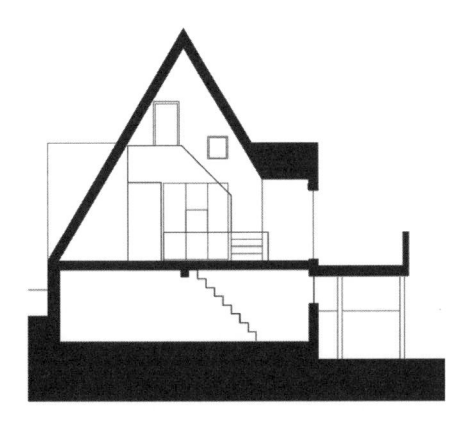

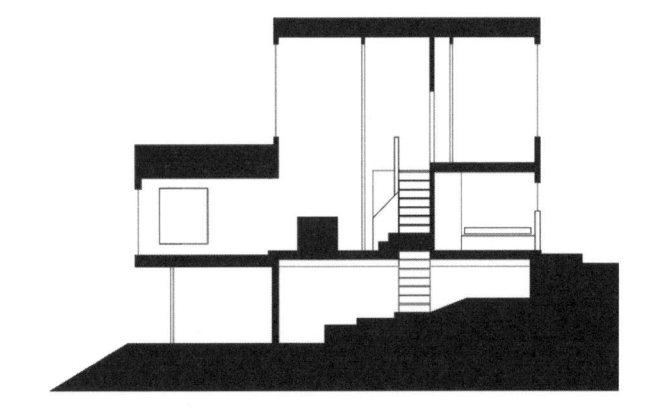

Sections

The design vocabulary of the A-Frame Renovation project follows a minimalistic approach, highlighting the emblematic A-frame form and expressing the exterior skin of the structure with a unifying color black.

El vocabulario de diseño del proyecto A-Frame Renovation sigue un enfoque minimalista, destacando la emblemática forma en A y expresando la piel exterior de la estructura con un color negro unificador.

Challenging the initial hypothesis of lack of space, the architect opted instead for subtracting floor areas in favor of a rich spatial experience.

Prioritize the quality of space over square footage whenever possible, creating living spaces that are engaged with their surroundings, are adequately proportionate, and offer comfort and functionality. Larger spaces are not necessarily the answer.

Desafiando la hipótesis inicial de la falta de espacio, el arquitecto optó por restar superficie habitable en favor de una rica experiencia espacial.

Priorizar la calidad del espacio sobre los metros cuadrados siempre que sea posible, creando espacios habitables que se relacionen con su entorno, que sean adecuadamente proporcionados y que ofrezcan comodidad y funcionalidad. Los espacios más grandes no son necesariamente la respuesta.

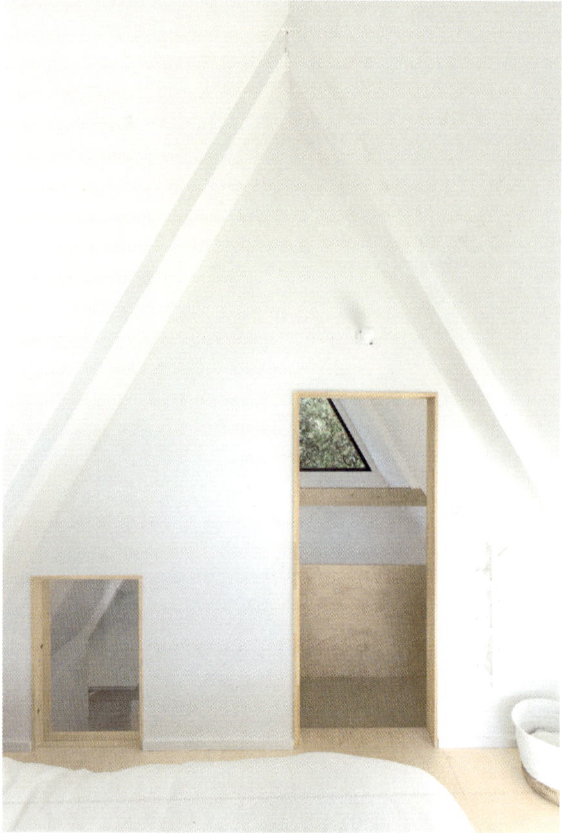

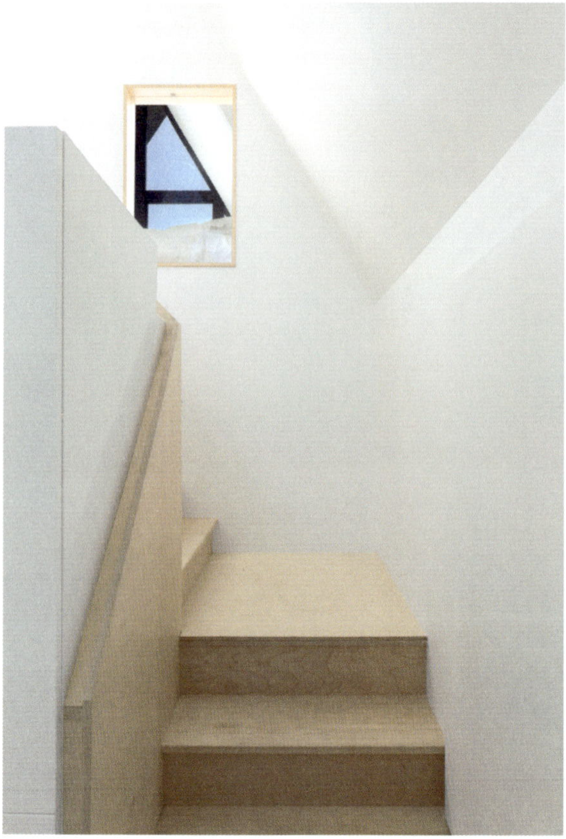

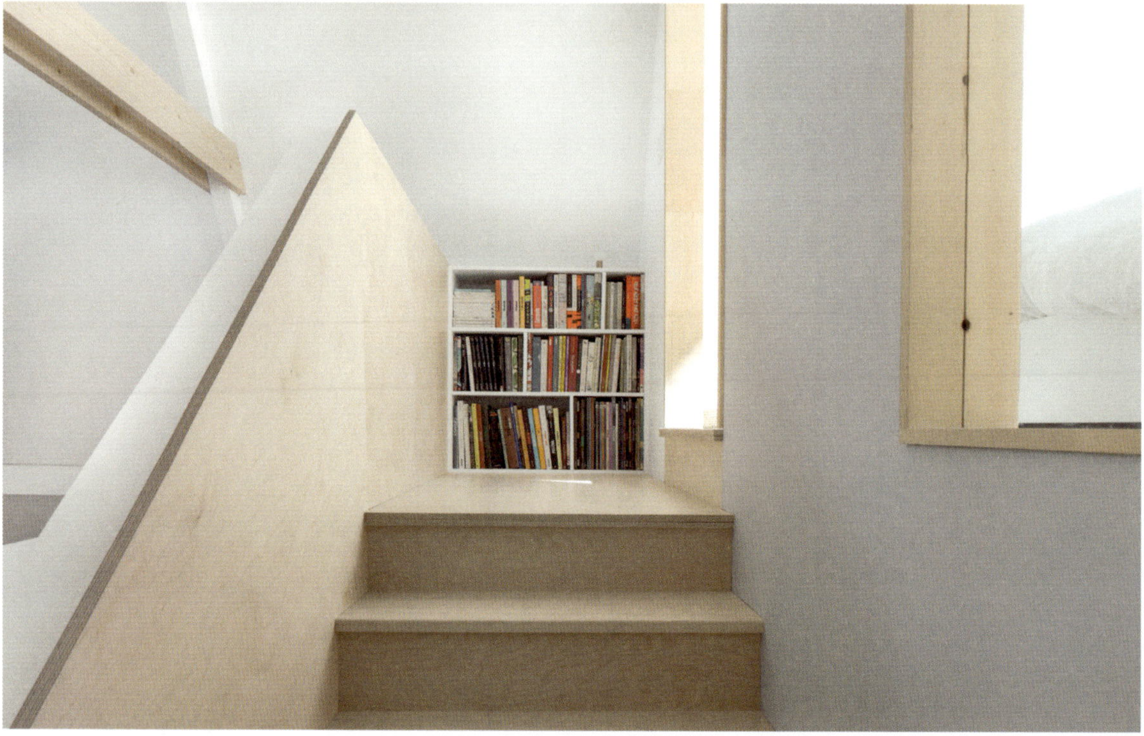

Increase the perception of space through
openings on various surfaces, and through
light colors which will reflect the light.
Ingeniously playing with scales, Verville managed
to increase the perception of visual depth by
exploiting limits and openings to admirably
draw part of the density of this space.
The kids' playful den on the ground floor offers a
storage platform under the beds and a reading
corner nestled in a triangular alcove. This room, all in
wood, reveals a fascinating place entirely dedicated
to childish games away from the living spaces.

Aumentar la percepción del espacio a través
de aberturas en varias superficies, y a través
de colores claros que reflejarán la luz.
Jugando ingeniosamente con las escalas, Verville
consiguió aumentar la percepción de la profundidad
visual explotando los límites y las aberturas para dibujar
admirablemente parte de la densidad de este espacio.
La guarida lúdica de los niños en la planta baja
ofrece una plataforma de almacenamiento debajo
de las camas y un rincón de lectura en una alcoba
triangular. Esta sala, toda de madera, revela un
lugar fascinante dedicado enteramente a los
juegos infantiles fuera de los espacios habitables.

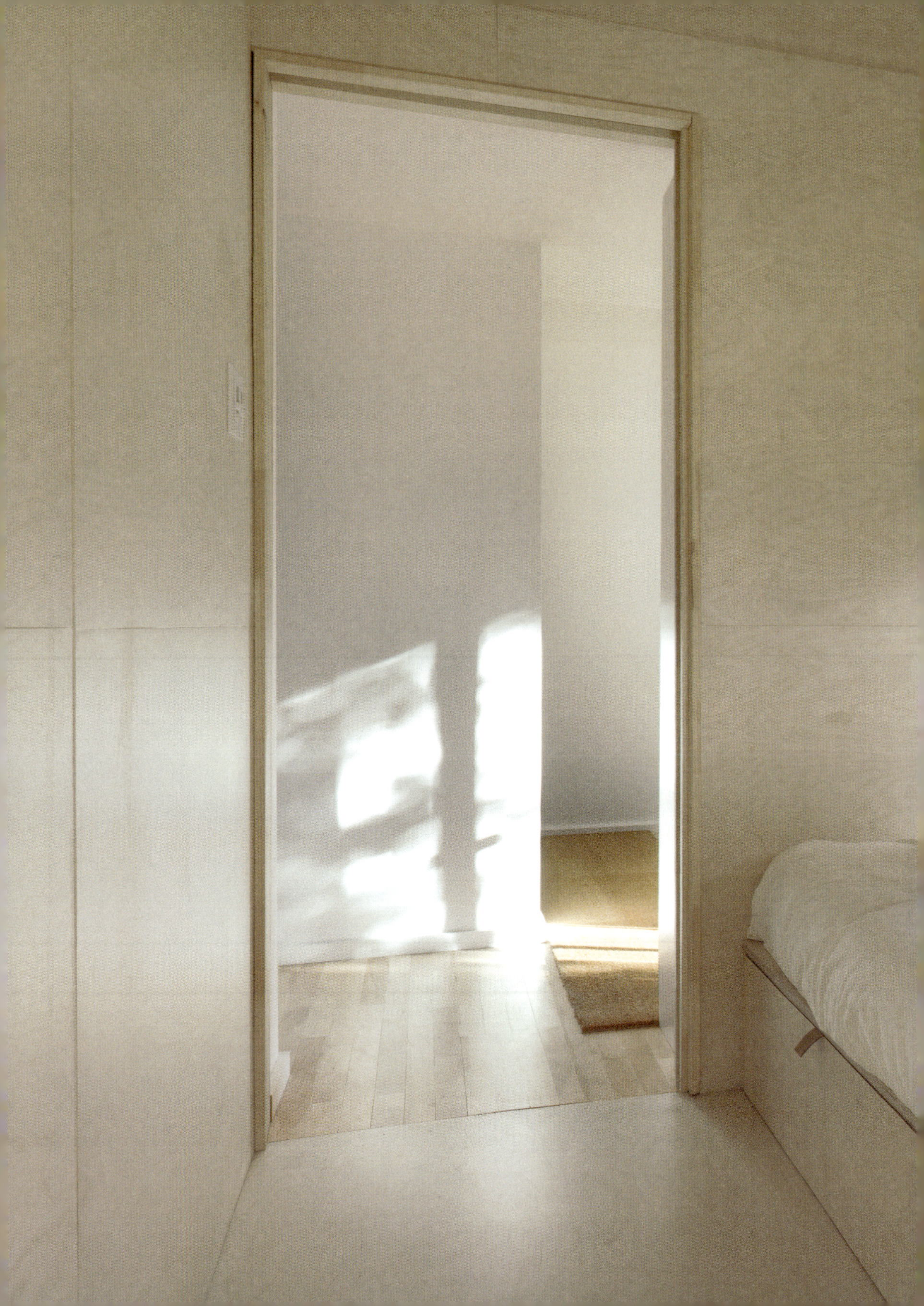

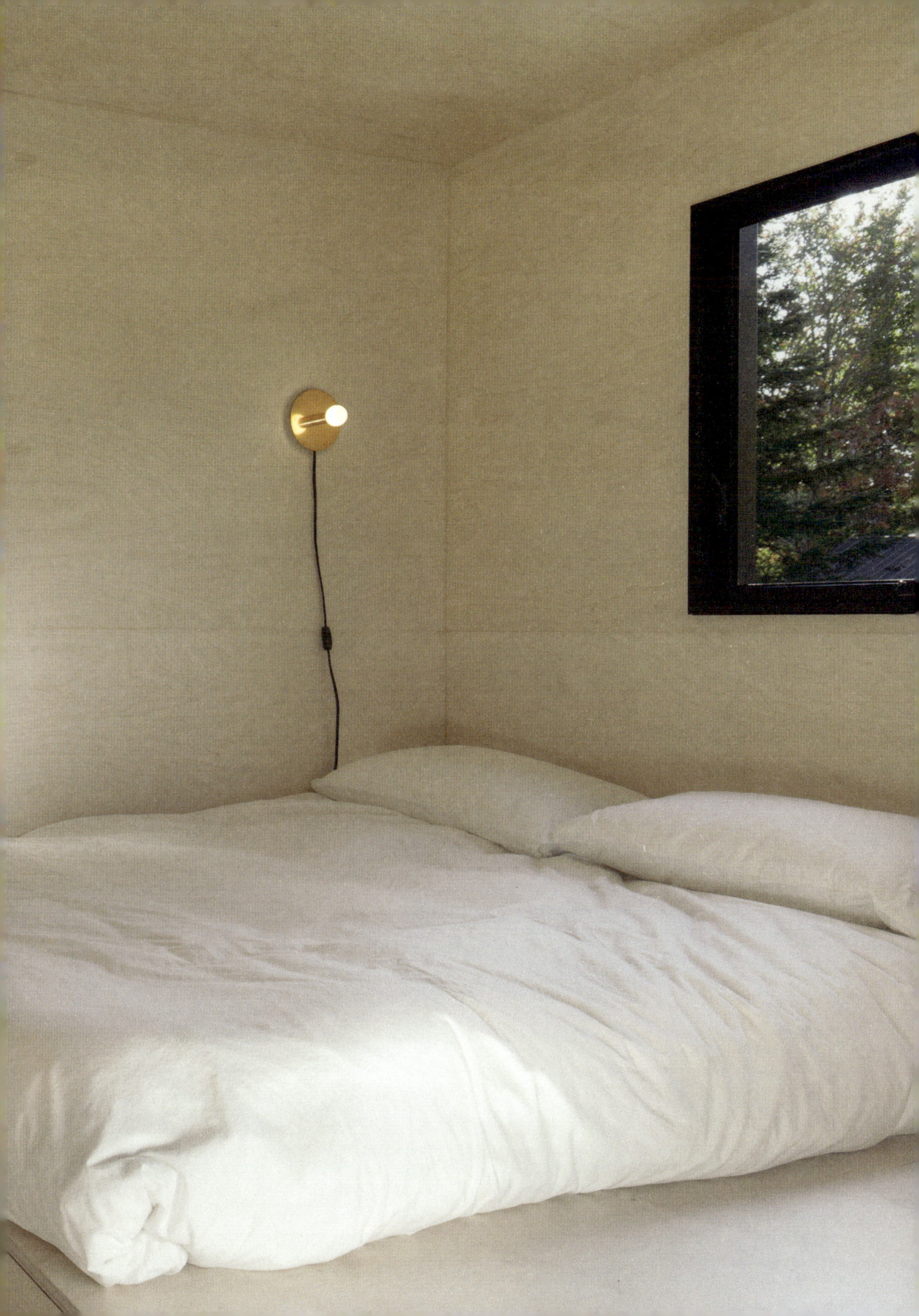

Hooded Cabin

785 sq ft - 73 m²
Arkitektværelset
Imingfjell, Telemark, Norway
© Marte Garmann

Building at high altitude has the expected pros and cons. The Hooded Cabin enjoys magnificent views, but its design and construction were guided by strict building regulations. Cabins in the area are required to have sectioned windows, standing wood paneling, 22- to 27-degree gable roofs, and triple bargeboards. But perhaps there is nothing greater than challenges to break the mold. During the design process, these challenges were turned into fuel for creative thinking, resulting in a peaceful retreat of undeniable functionality and unique aesthetics. The cabin stands out from all other constructions in the area despite the limitations, offering a striking interpretation of the typical pitched roof cabin.

La construcción a gran altura tiene los pros y los contras esperados. La cabaña Hooded Cabin goza de magníficas vistas, pero su diseño y construcción fueron guiados por estrictas normas de construcción. En esa zona, las cabañas deben tener ventanas seccionadas, paneles de madera de pie, techos a dos aguas de 22 a 27 grados y tableros de barricadas triples. Pero quizás no hay nada más grande que los desafíos para romper el molde. Durante el proceso de diseño, estos retos se convirtieron en combustible para el pensamiento creativo, resultando en una retirada pacífica de innegable funcionalidad y estética única. La cabaña destaca de todas las demás construcciones de la zona a pesar de sus limitaciones, ofreciendo una interpretación sorprendente de la típica cabaña con techo a dos aguas.

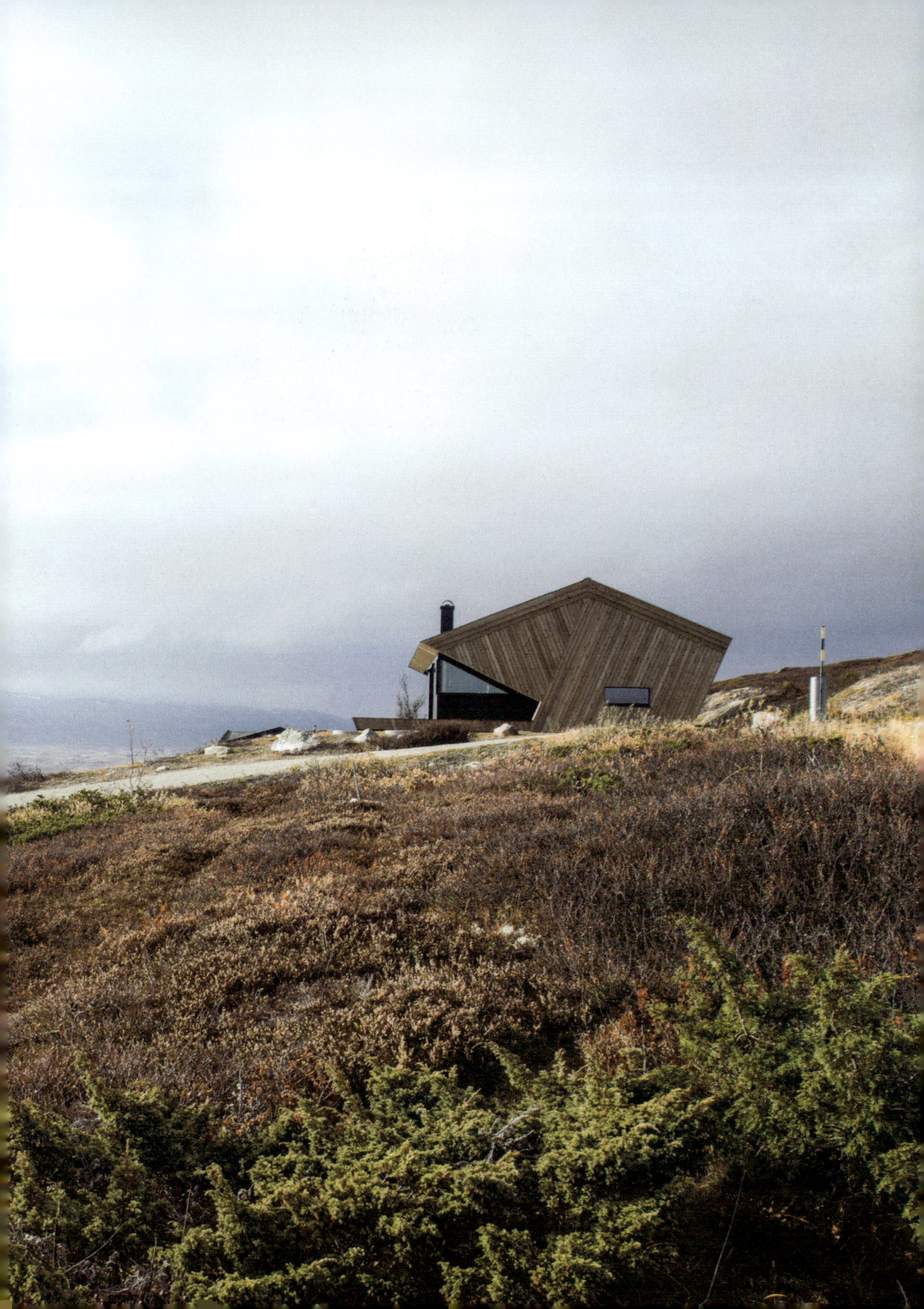

The ore pine roof tilts back to open up the front of the cabin to the views and the light while creating a protected area in front of the entry.

El techo de pino se inclina hacia atrás para abrir el frente de la cabaña a las vistas y a la luz mientras se crea un área protegida frente a la entrada.

Coastal development is regulated to protect, manage, and restore healthy coastal environments for everyone's enjoyment.

El desarrollo costero está regulado para proteger, manejar y restaurar ambientes costeros saludables para el disfrute de todos.

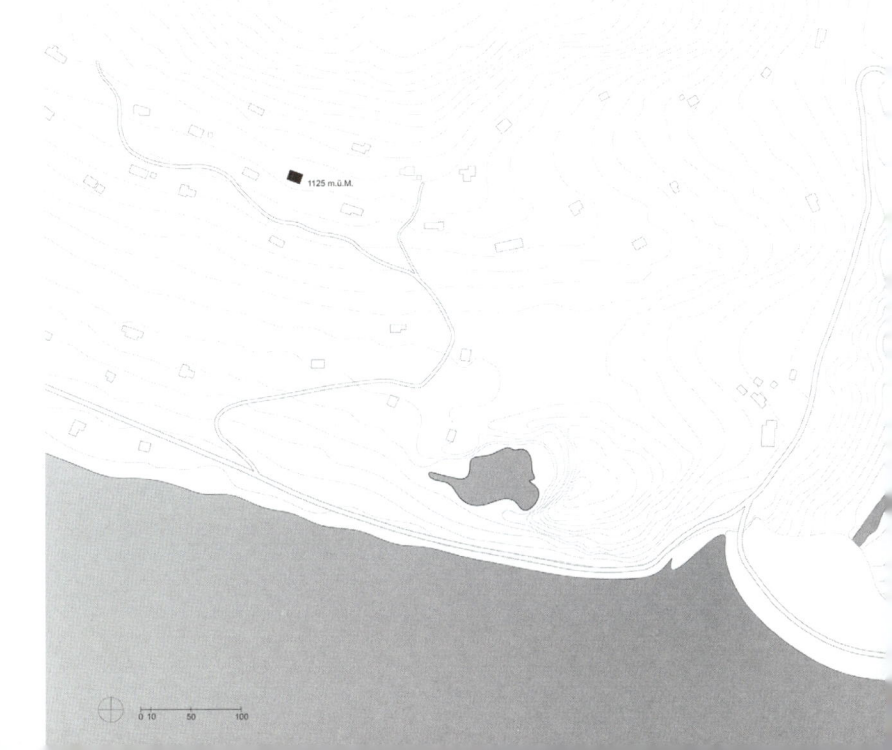

Section

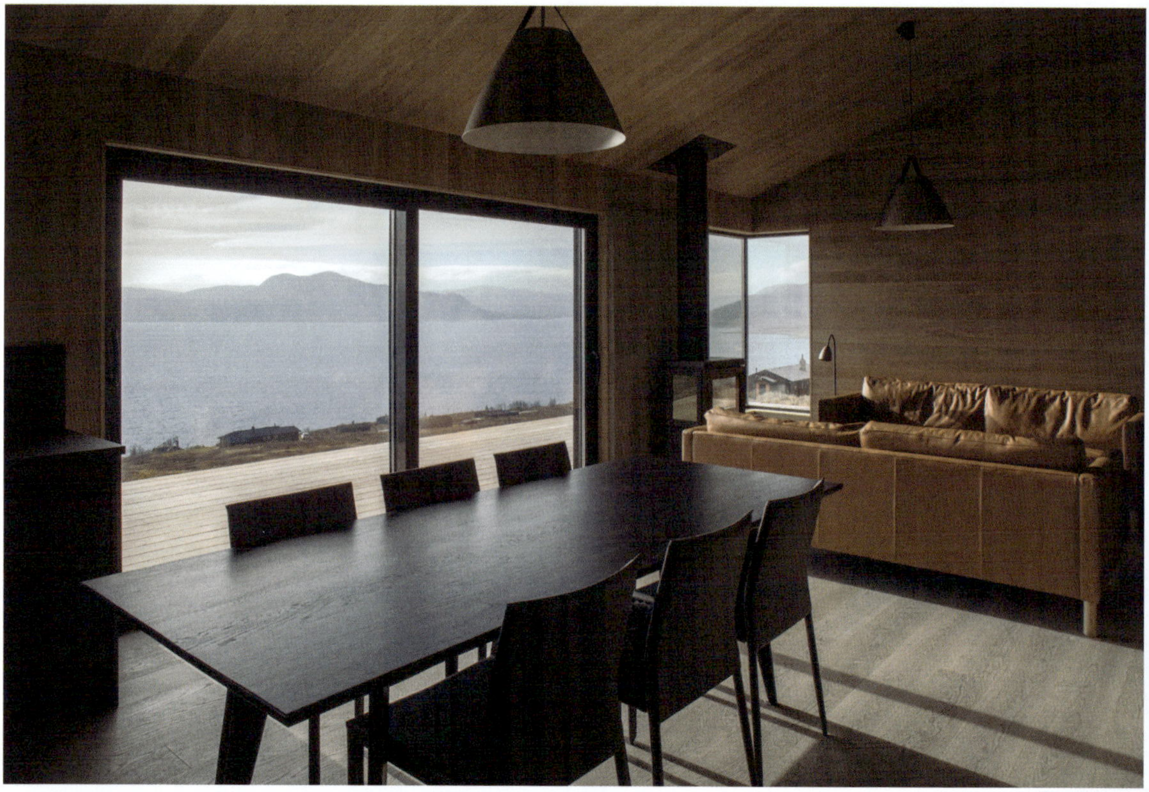

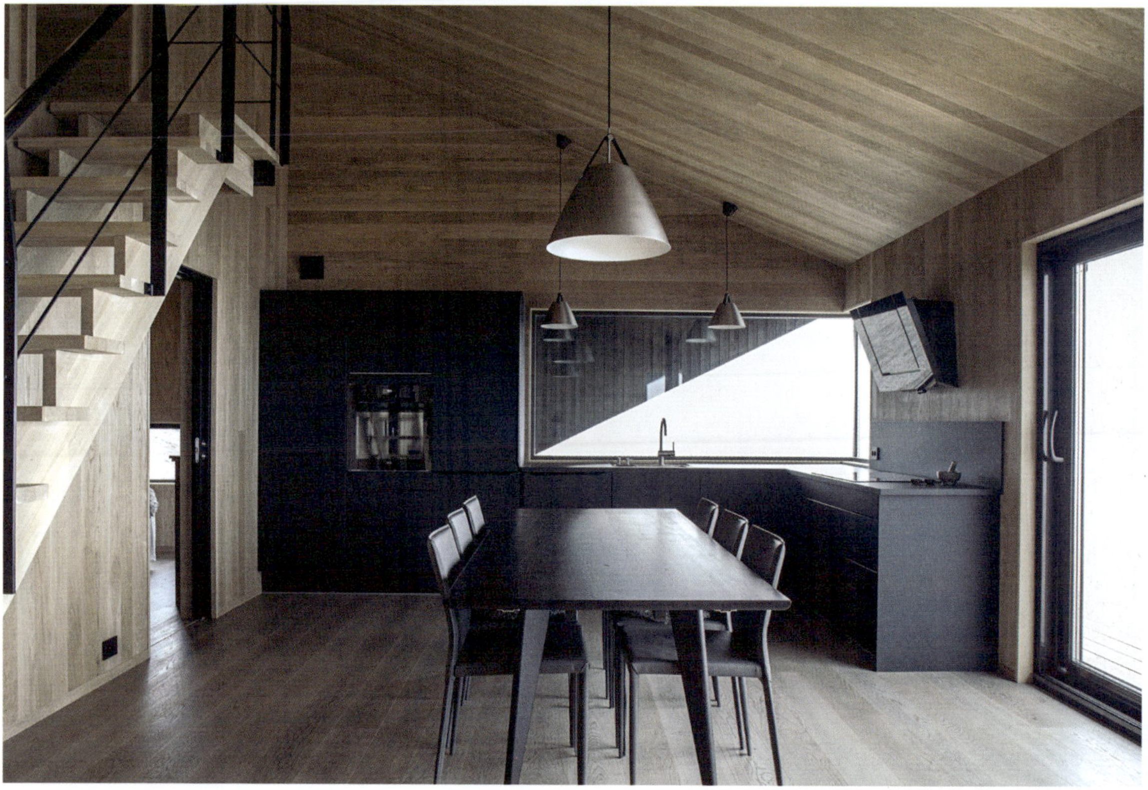

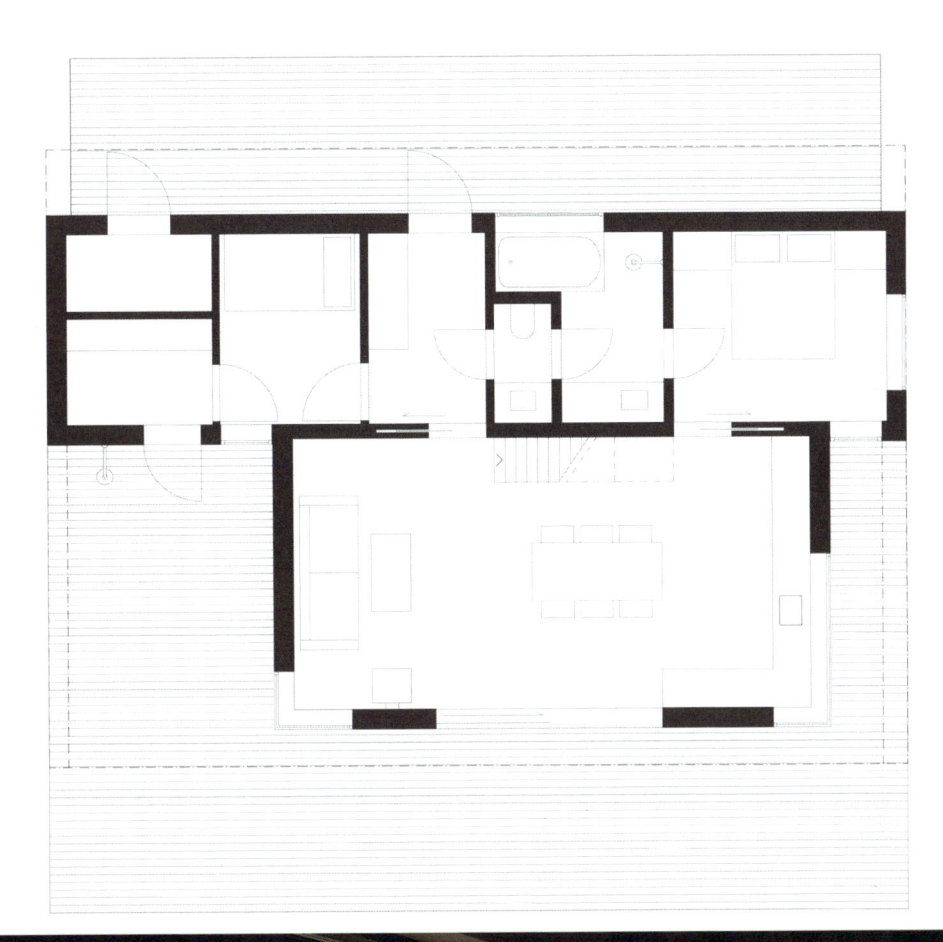

Floor plan

Good environmental stewardship contributes to the creation of unique architectural developments while protecting sensitive areas.

Una buena gestión ambiental contribuye a la creación de desarrollos arquitectónicos únicos, a la vez que protege las áreas sensibles.

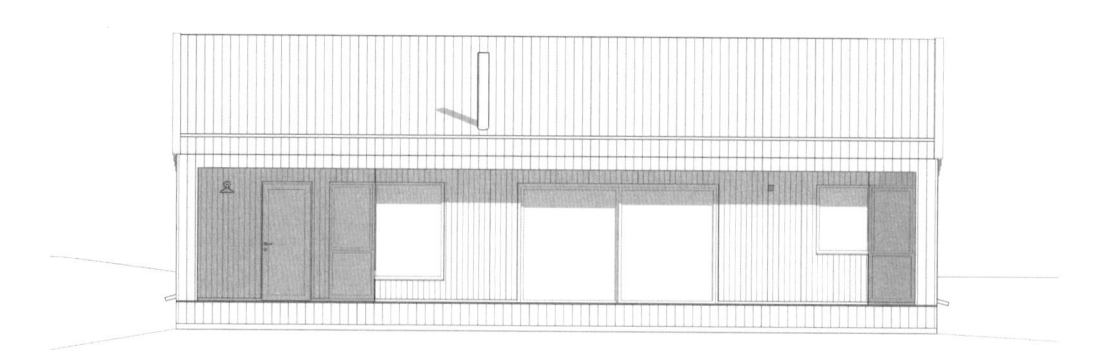

South elevation

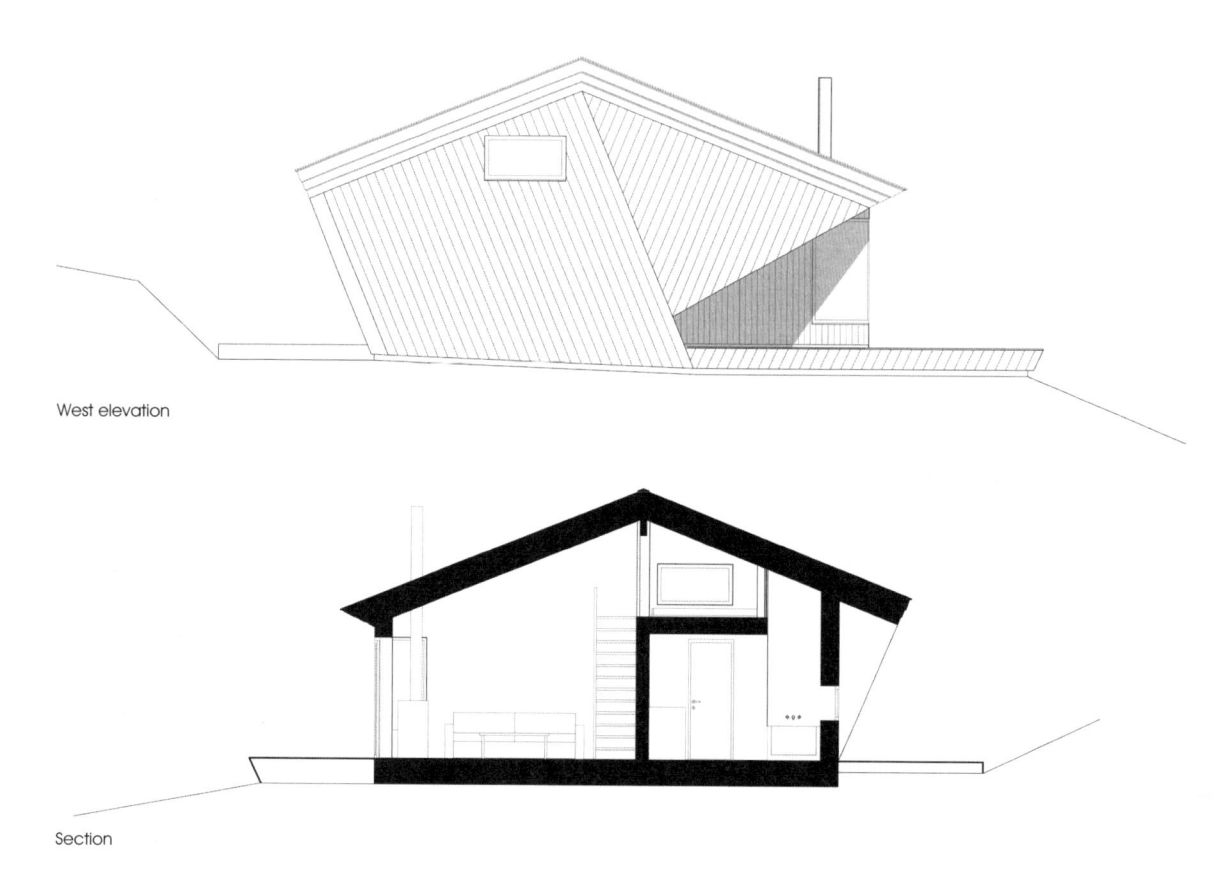

West elevation

Section

The clear-sealed ore-pine roof, sidewalls, and deck combine with the black painted front and back walls of the cabin, creating an elegant contrast. Moreover, the slanted paneling of the side walls adds to the modern appeal of the cabin's design.

El techo, las paredes laterales y la cubierta de pino de mineral transparente se combinan con las paredes delanteras y traseras de la cabaña pintadas de negro, creando un elegante contraste. Además, el revestimiento inclinado de las paredes laterales aumenta el atractivo moderno del diseño.

The panoramic windows and large sliding doors at the front bring nature into the kitchen living room. The interior features oak flooring and paneling, reflecting the natural colors of the surroundings. Other than for minimizing visual impact, the integration of a building into the landscape is about making the surrounding natural beauty part of the building's character.
The use of natural materials such as wood and stone generates a look and feel that is reminiscent of the real log cabin.

Las ventanas panorámicas y las grandes puertas correderas en el frente traen la naturaleza a la sala de estar de la cocina. El interior presenta suelos y paneles de roble, que reflejan los colores naturales del entorno. Además de minimizar el impacto visual, la integración de un edificio en el paisaje consiste en hacer que la belleza natural circundante forme parte del carácter del edificio.
El uso de materiales naturales como la madera y la piedra genera un aspecto que recuerda a la verdadera cabaña de troncos.

Folly Cabins

1.000 sq ft - 93 m²
Cohesion
By Malek Alqadi
Joshua Tree, California, United States
© Sam Frost Photography

Folly is an off-grid small construction that addresses the importance of integrating architecture within its environment and the relevance of sustainable development. It brings a big experience and allows for disengagement from the norm and the expected while bringing an element of modern aesthetic and technological innovation. Folly allows for inclusive experiences such as work retreats, social groups, or intimate events. Utilizing architecture as a medium, these spaces will provide moments of disconnect in which guests can experience a creative escape. In keeping with an off-grid style, home automation technology allows guests to monitor energy consumption and solar production, control secured entry, lighting, solar-powered skylights, and manage cooling and heating.

Folly es una pequeña construcción aislada que aborda la importancia de integrar la arquitectura en su entorno y la relevancia del desarrollo sostenible. Aporta una gran experiencia y permite desvincularse de la norma y lo esperado, aportando al mismo tiempo un elemento de innovación estética y tecnológica moderna. La imaginación permite experiencias inclusivas como retiros de trabajo, grupos sociales o eventos íntimos. Utilizando la arquitectura como medio, estos espacios proporcionarán momentos de desconexión en los que los huéspedes podrán experimentar un escape creativo. La tecnología domótica permite a los huéspedes controlar el consumo de energía y la producción solar, controlar la entrada, la iluminación, las claraboyas alimentadas por energía solar y gestionar la refrigeración y la calefacción.

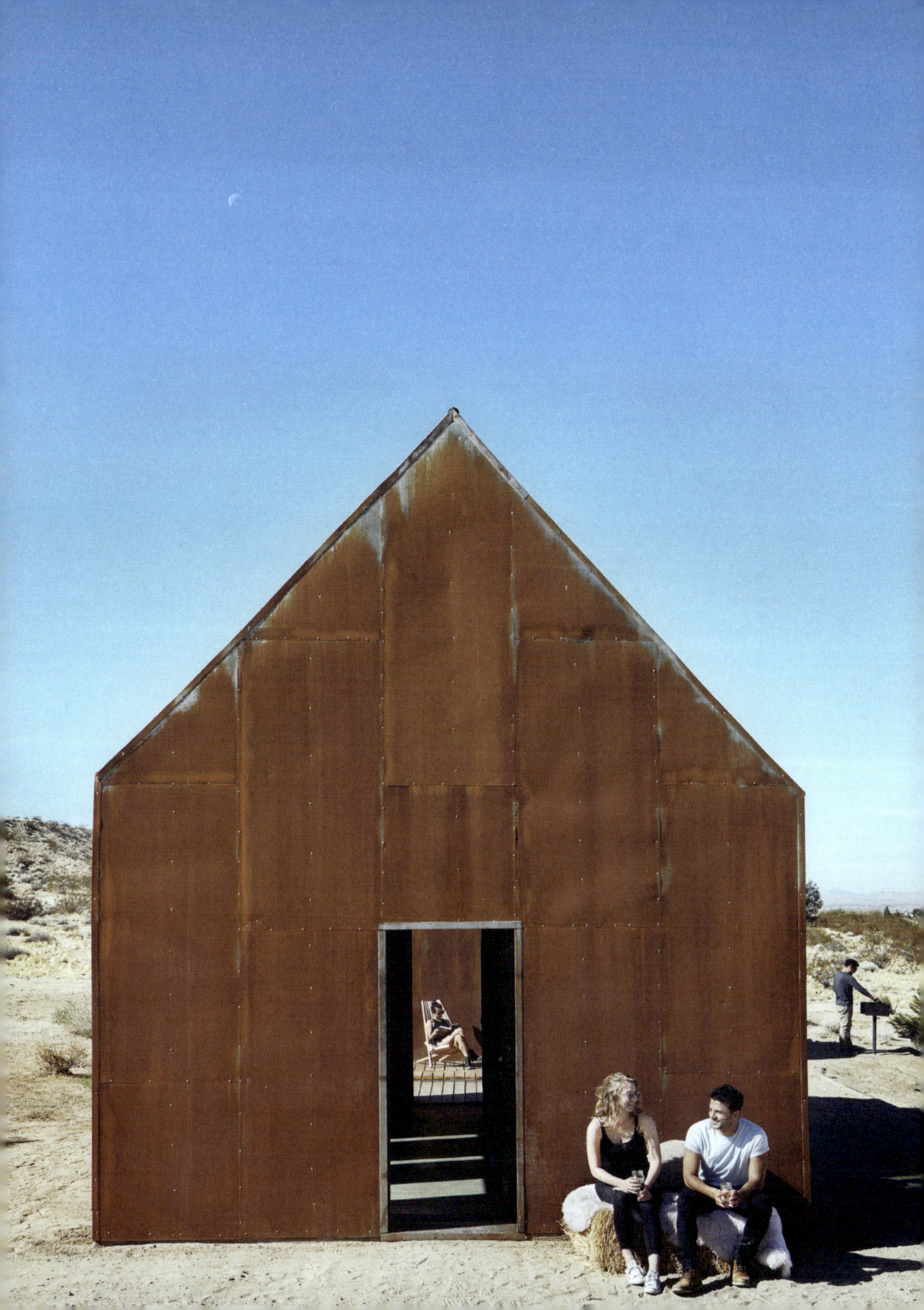

Secluded outdoor spaces extend the season for outdoor enjoyment, protected from the harsh sunlight, heat and strong winds while enjoying the views.

Los espacios exteriores aislados extienden la temporada para disfrutar al aire libre, protegidos de la dura luz solar, el calor y los fuertes vientos mientras se disfruta de las vistas.

105

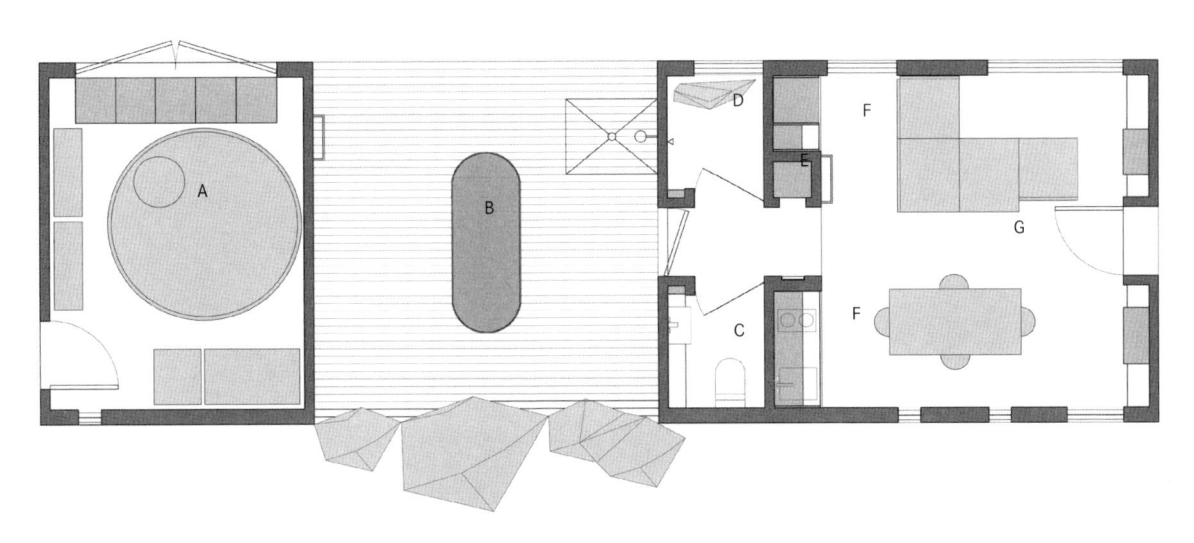

Lower floor plan

A. Equipment room and storage
B. Soaking tub
C. Water closet
D. Shower
E. Closet
F. Kitchen wall
G. Main space
H. Outdoor stargazing suite
I. Indoor suite
J. Open to below

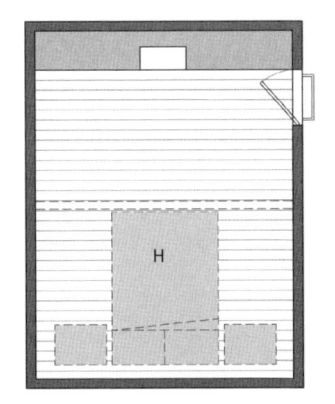

Upper floor plan

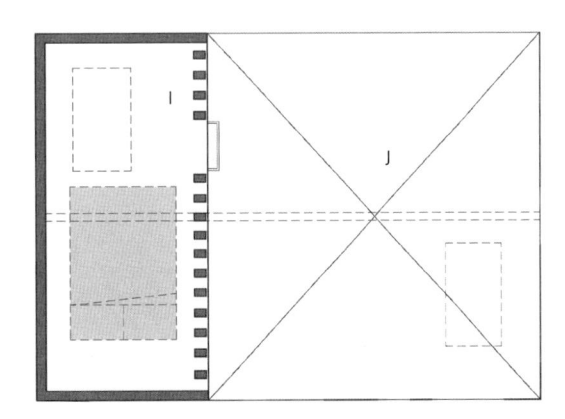

Attic spaces provide additional sleeping areas, secluded and cozy spaces, under the tent-like roof of a cabin.

Los espacios del ático proporcionan áreas adicionales para dormir, espacios aislados y acogedores bajo el techo de una cabaña en forma de tienda de campaña.

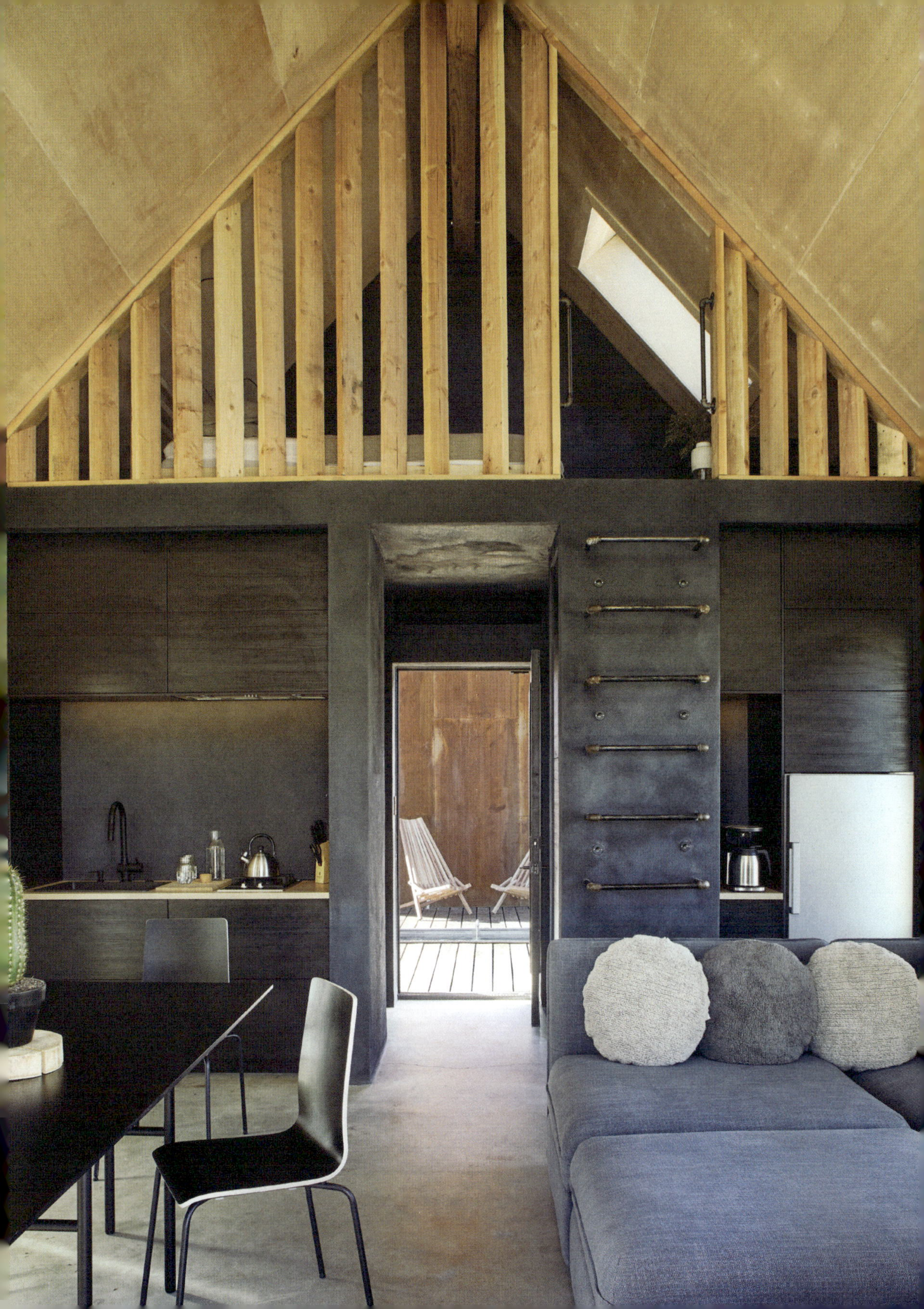

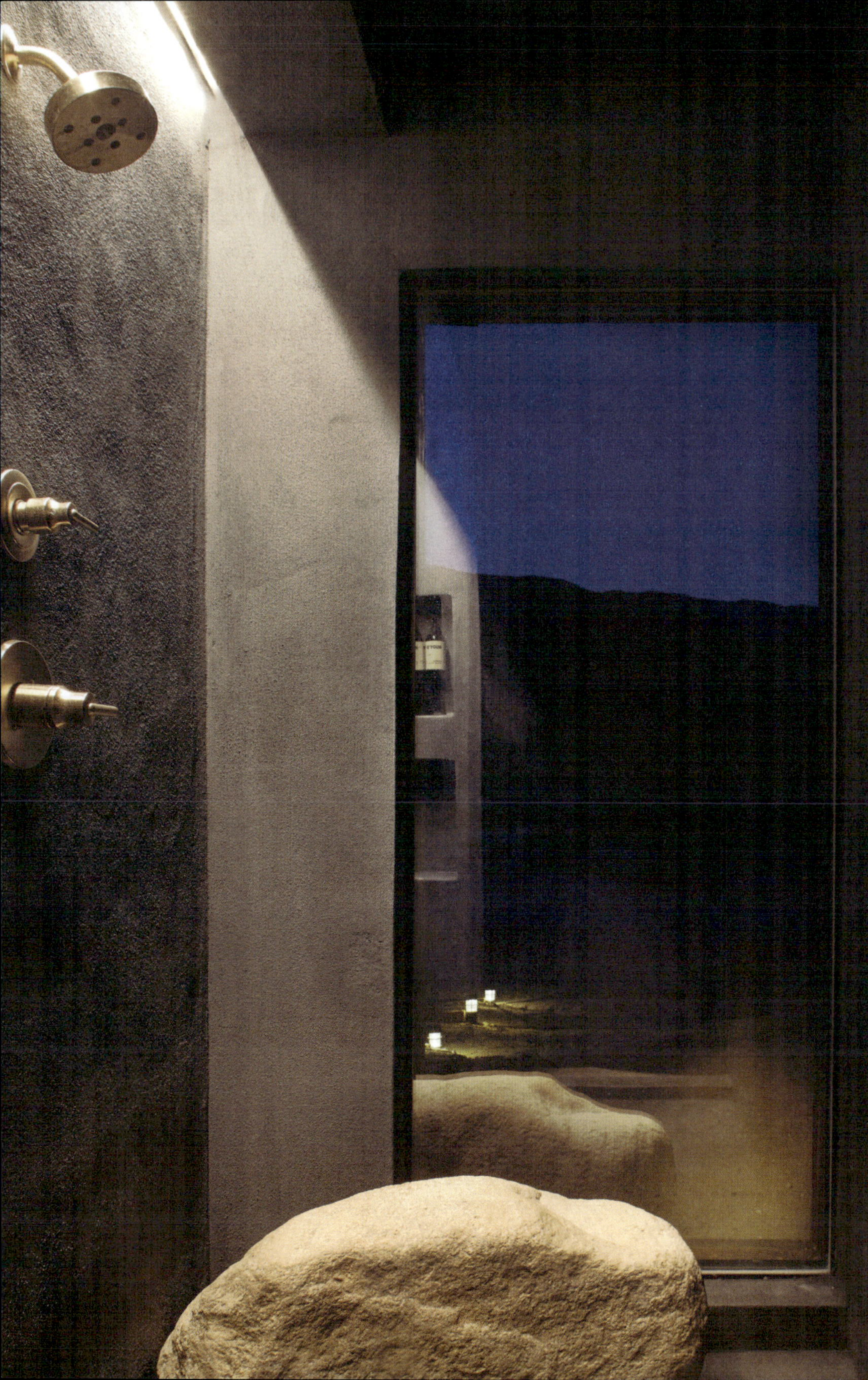

A stargazing bedroom with no ceiling, a shower with expansive views and an energy-producing solar tree is the exploitation of nature through a respectful approach.

Un dormitorio con vistas a las estrellas, una ducha exterior y un árbol que produce energía solar representan la explotación de la naturaleza a través de un enfoque respetuoso.

Grand Pic Cottage

1.460 sq ft - 135 m²
APPAREIL Architecture
Austin, Quebec, Canada
© Félix Michaud

Inspired by traditional shapes and the surrounding nature, Grand Pic Cottage is a unique architecture tailor-made for its residents. The owners wanted a warm space, fit to host family and friends. From the beginning, the design goals were guided by the site's topography and features. The result is a comprehensive reading of the magnificent woods in which it is located, offering, a unique experience of symbiosis between nature and architecture. The clients' desire for a sober and warm retreat was made possible through a design steeped in simplicity, with each move guided by the aspiration to optimize the space's intrinsic qualities.

Inspirada en las formas tradicionales y en la naturaleza que la rodea, Grand Pic Cottage es una arquitectura única hecha a medida para sus habitantes. Los propietarios querían un espacio cálido, apto para recibir a la familia y a los amigos. Desde el principio, los objetivos de diseño fueron guiados por la topografía y las características del terreno. El resultado es una lectura exhaustiva de los magníficos bosques en los que se ubica, ofreciendo una experiencia única de simbiosis entre naturaleza y arquitectura. El deseo de los clientes de un retiro sobrio y cálido fue posible gracias a un diseño lleno de simplicidad, con cada movimiento guiado por la aspiración de optimizar las cualidades intrínsecas del espacio.

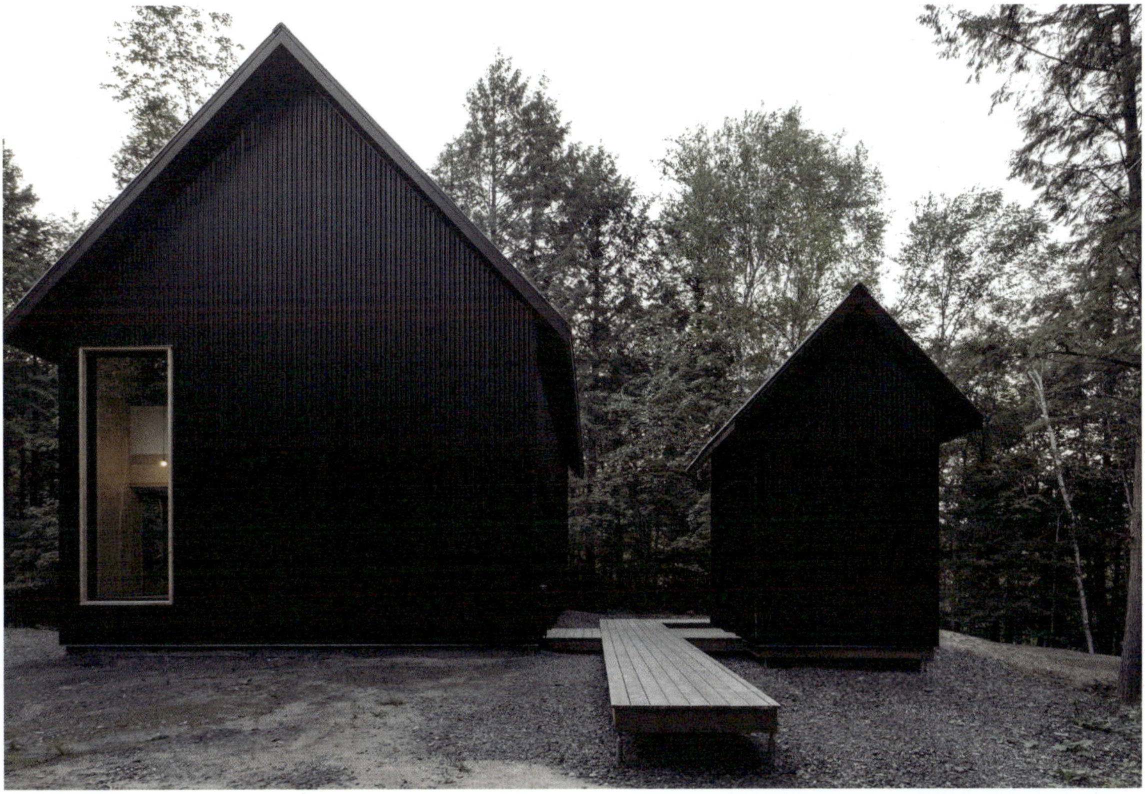

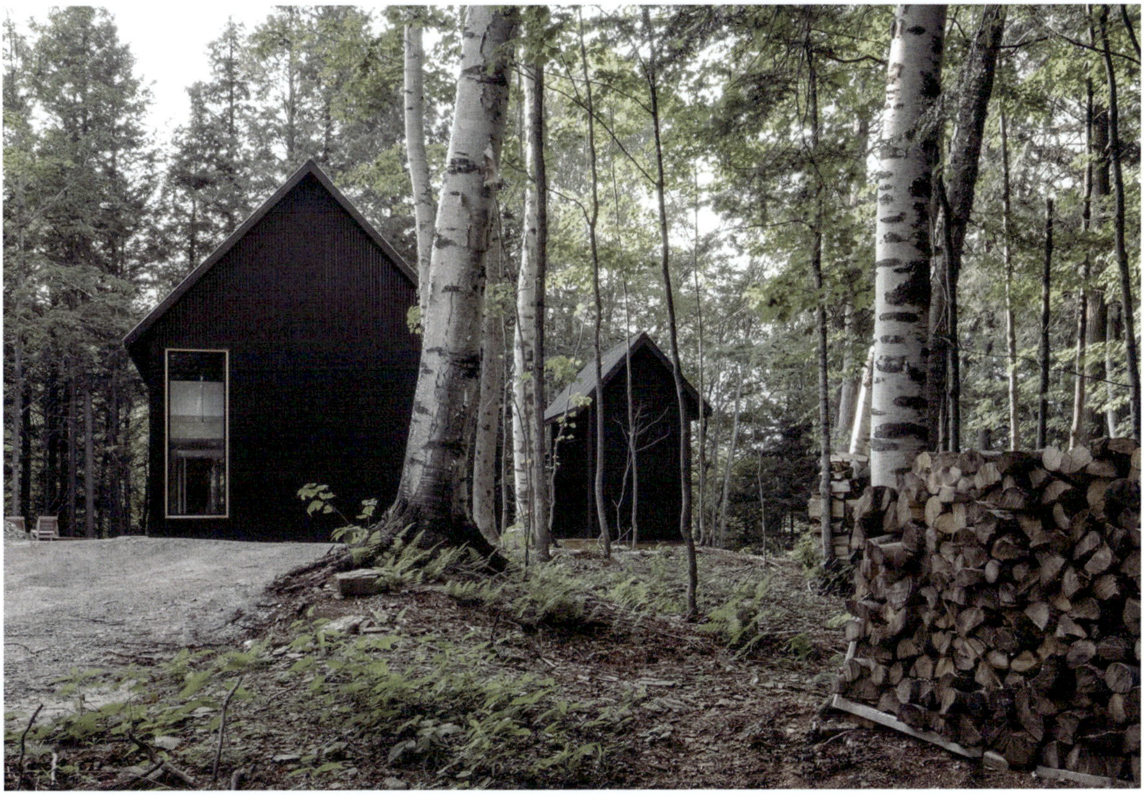

The outfitting of a parking space allows residents to leave the car and give space to a pathway, from which the cottage emerges through the trees. The pathway transforms into a cedar sidewalk leading to the cottage, composed of the main pavilion and a shed.

El equipamiento de una plaza de aparcamiento permite a los residentes no solo aparcar el coche sino también dar espacio a un sendero desde el que emerge la casa a través de los árboles. El sendero se transforma en una acera de cedro que conduce a la cabaña, compuesta por el pabellón principal y un cobertizo.

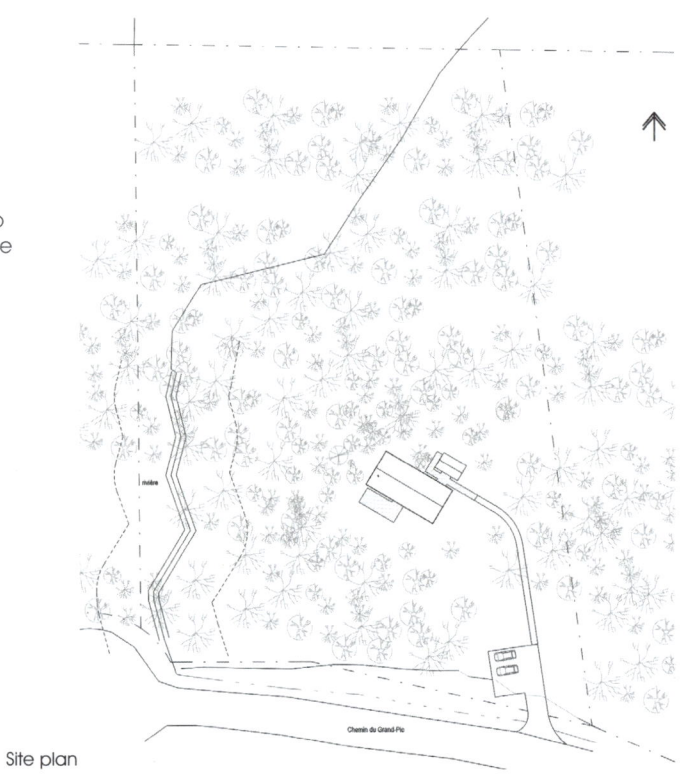

Site plan

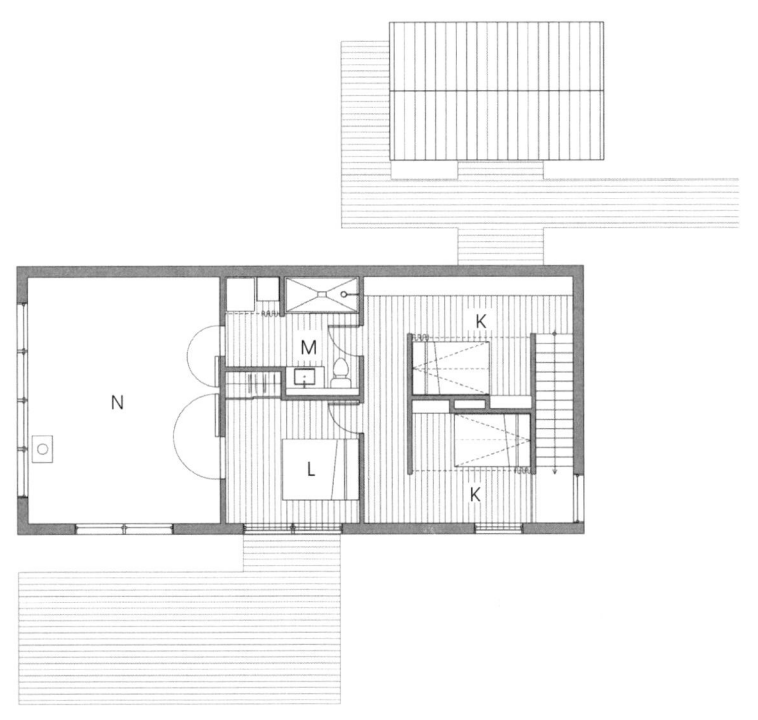

Mezzanine floor plan

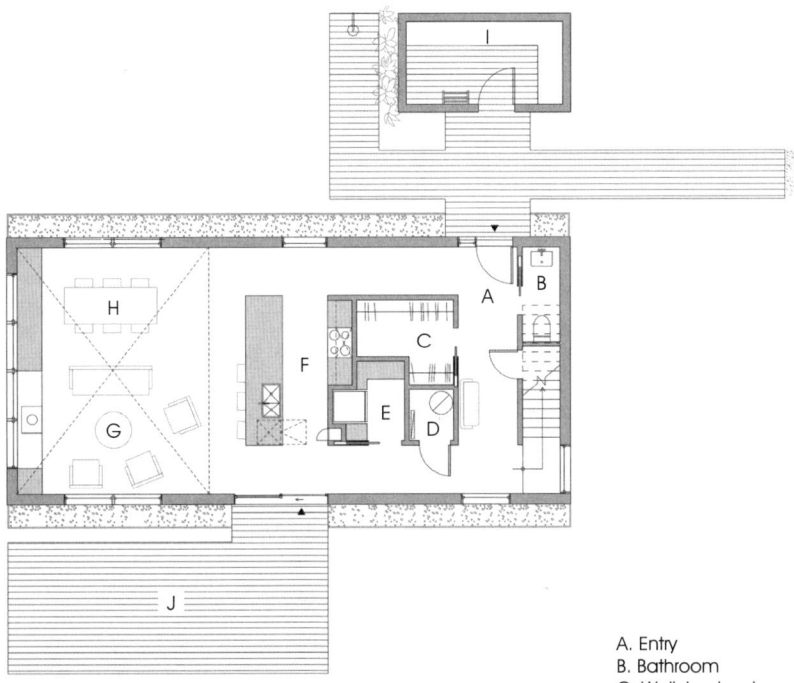

Ground floor plan

A. Entry
B. Bathroom
C. Walk-in-closet
D. Mechanical room
E. Pantry
F. Kitchen
G. Living room
H. Dining room
I. Shed
J. Terrace
K. Bedroom
L. Master bedroom
M. Bathroom
N. Open to below

Windows are one of the most expensive building elements, but they also allow for unique design opportunities, enhancing the spatial qualities of spaces, increasing a building's thermal performance, and adding to comfort.

Las ventanas son uno de los elementos de construcción más caros, pero también permiten oportunidades únicas de diseño, mejorando las cualidades espaciales, aumentando el rendimiento térmico de un edificio y añadiendo confort.

In contrast to the black monochrome exterior, the interior overflows with light through its openings and the brightness of its materials. On the walls, the Russian plywood was highlighted. The wood's texture on all walls and ceilings allows the shape of the vernacular-inspired main volume to be accentuated.

En contraste con el exterior negro monocromo, el interior desborda de luz a través de sus aberturas y el brillo de sus materiales. En las paredes resalta la madera contrachapada. La textura de la madera en todas las paredes y techos permite acentuar la forma del volumen principal, de inspiración vernácula.

The ground floor is organized around a central core partially integrating the kitchen. On the second floor, the core extends into a dormitory zone. Interior openings overlooking the ground floor spaces accentuate the influx of light and create a link between the two levels.

The use of simple, readily available materials can shorten building time, reduce energy, and minimize material waste. All this can result in cost-effective construction.

La planta baja se organiza en torno a un eje central que integra parcialmente la cocina. En el segundo piso, el núcleo se extiende hacia una zona de dormitorios. Las aberturas interiores que dan a los espacios de la planta baja acentúan la afluencia de luz y crean un vínculo entre los dos niveles.

El uso de materiales simples y fácilmente disponibles puede acortar el tiempo de construcción, reducir la energía y minimizar el desperdicio. Todo esto resulta en una construcción rentable.

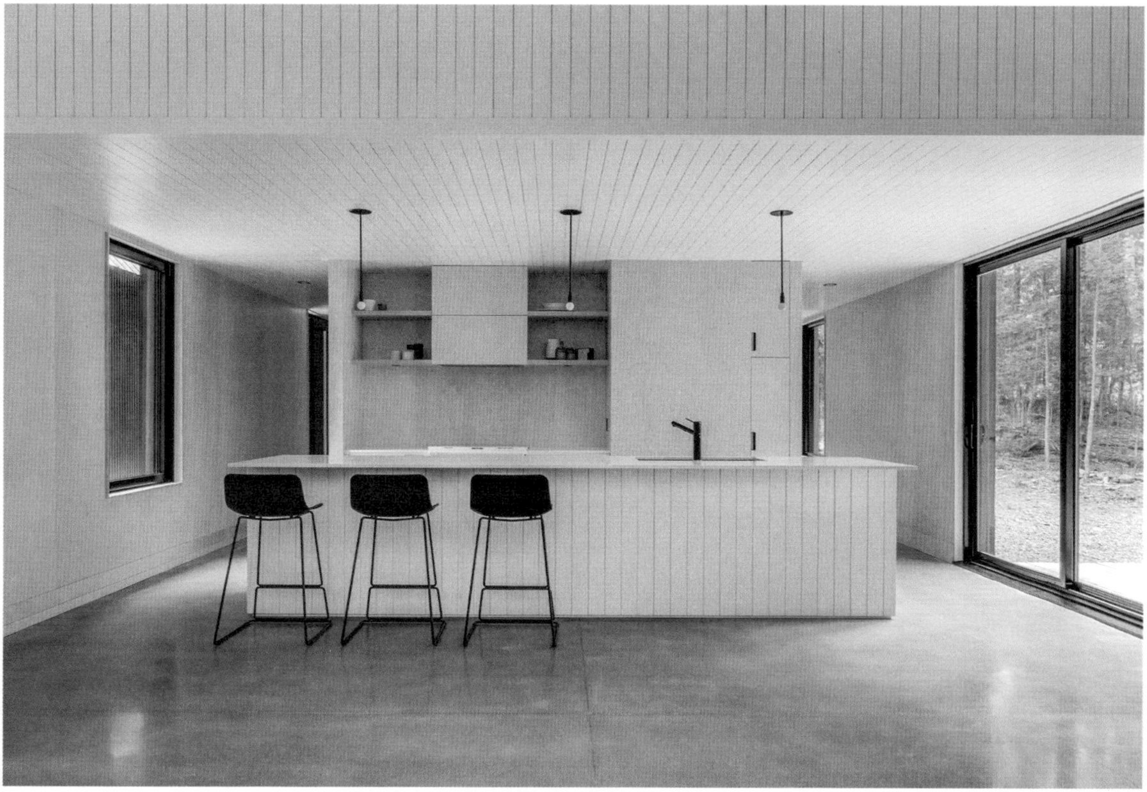

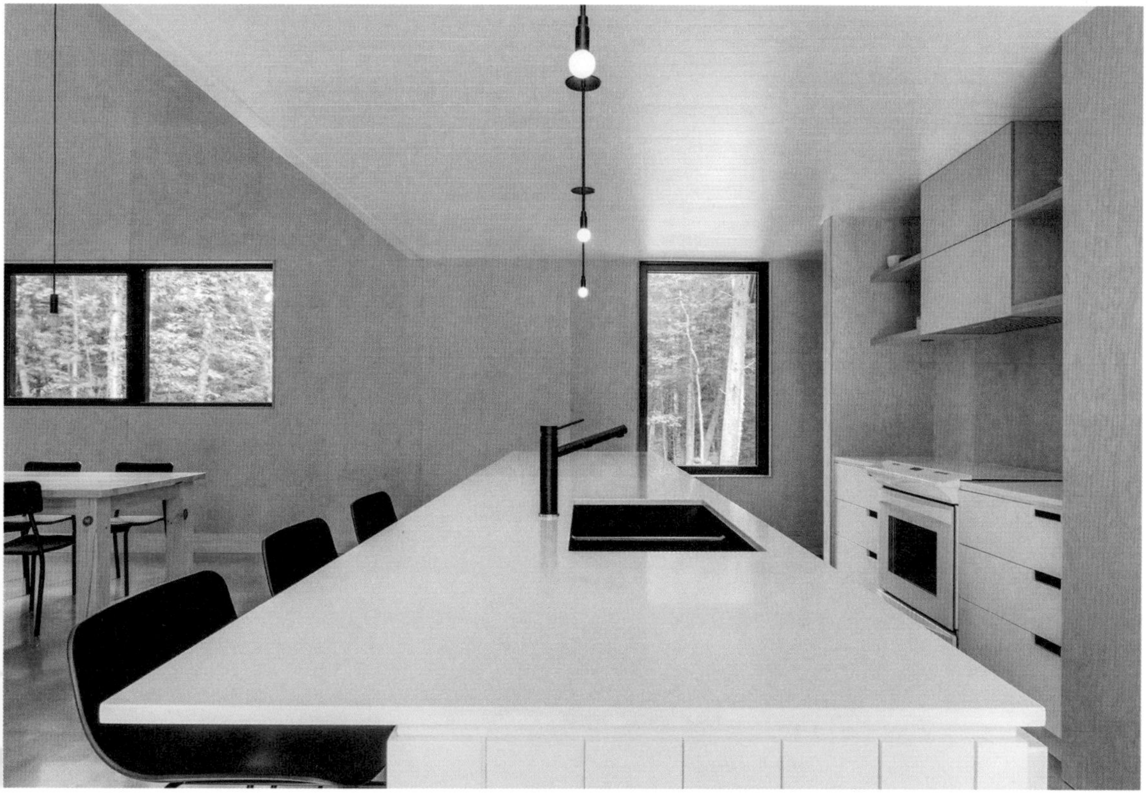

Window on the Lake

1.500 sq ft - 139 m²
yh2 architecture
Lac Plaisant, Quebec, Canada
© Francis Pelletier

This cottage is sited in a small green patch on a family property, just steps away from the Lac Plaisant's shores. Its simple, restrained, and refined aesthetic embodies the essence of cottage life, a wooden home designed for vacations and enabling true communion with nature. The home is a pure, light volume resting on its almost invisible foundation. Its scale is modest in its relationship with the surroundings, and its simple design exudes a relaxed character in line with the calm lake. Featuring a balloon framing and wood finishes inside and out, the house's single large gable covers all the living spaces as an expression of a gentle, simple lifestyle.

Esta casa de campo está situada en un pequeño parche verde en una propiedad familiar, a pocos pasos de las orillas del lago Plaisant. Su estética sencilla, sobria y refinada encarna la esencia de la vida rural, una casa de madera diseñada para las vacaciones que permite una verdadera comunión con la naturaleza. La casa es un volumen puro y ligero que descansa sobre sus cimientos casi invisibles. Su escala es modesta en relación al entorno, y su sencillo diseño irradia un carácter relajado en línea con el tranquilo lago. Con una estructura y acabados de madera por dentro y por fuera, el único frontis de la casa cubre todos los espacios vitales como expresión de un estilo de vida relajado y sencillo.

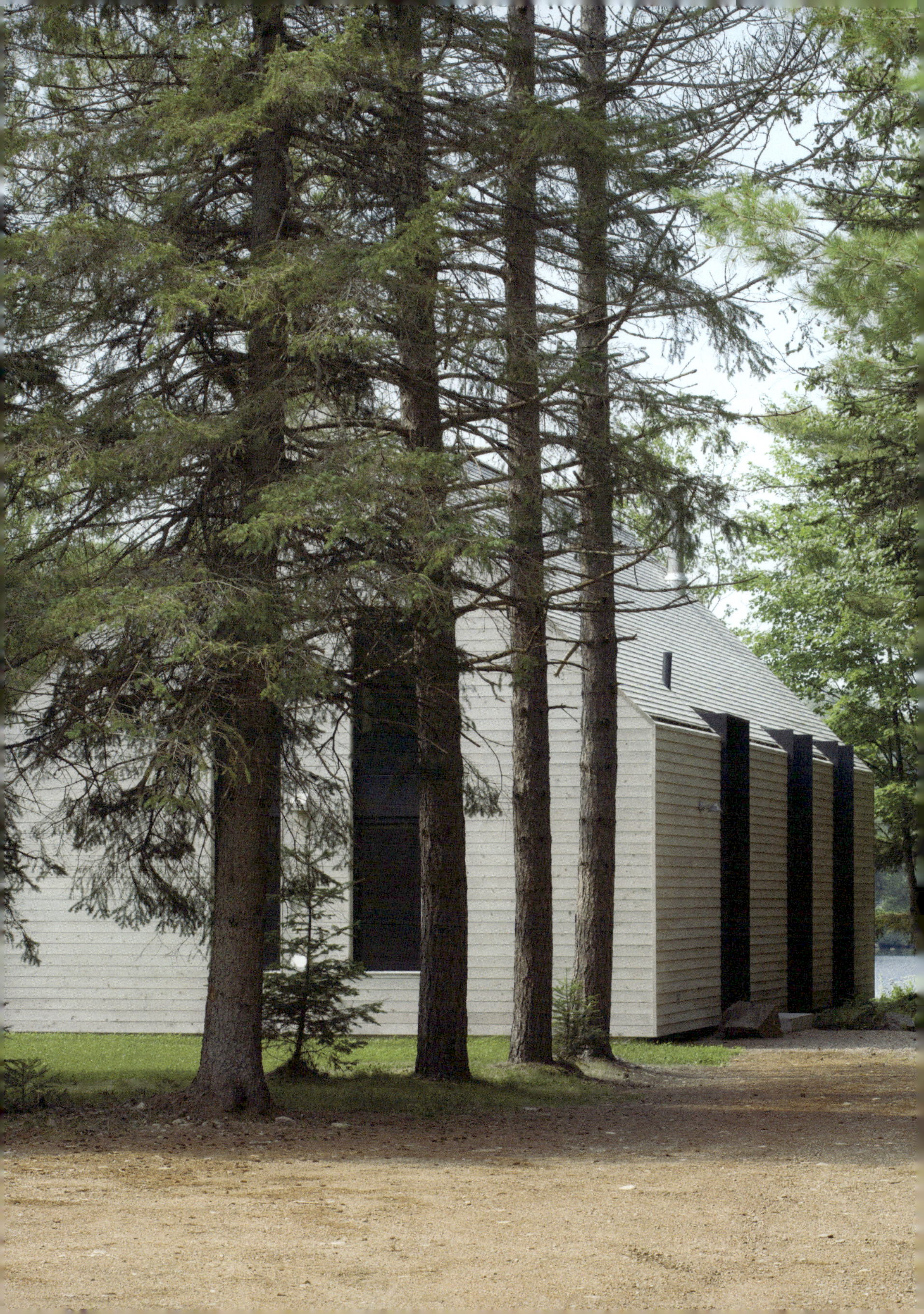

Exposed framing offers a rough look providing interior spaces with character. It also creates a multitude of design opportunities for storage.

La fachada ofrece un aspecto áspero que proporciona carácter a los espacios interiores. También crea una multitud de oportunidades de diseño para el almacenamiento.

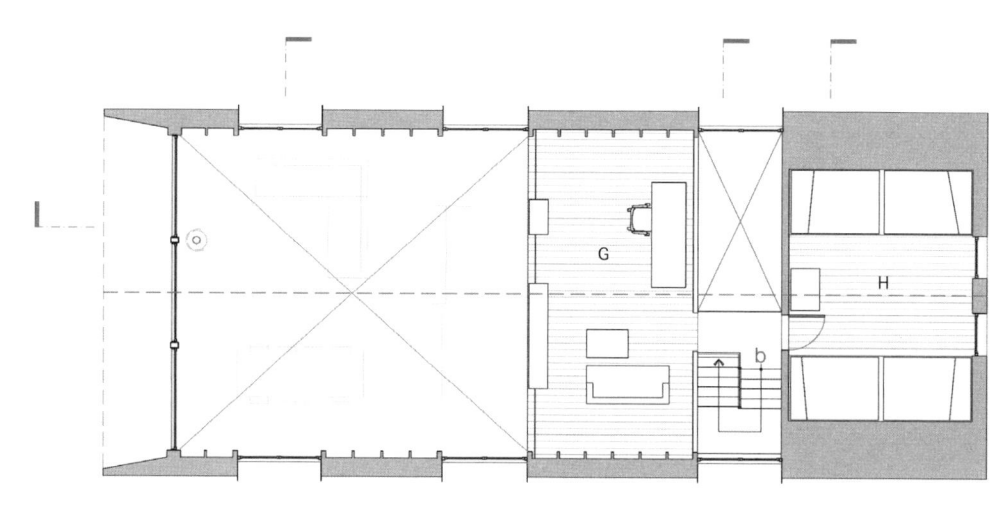

Upper floor plan

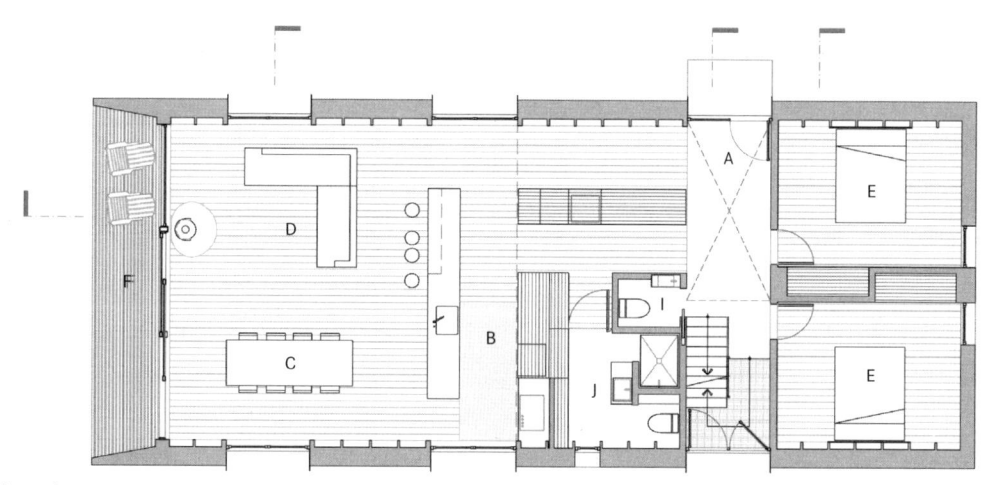

Lower floor plan

A. Entry
B. Kitchen
C. Dining room
D. Living room
E. Bedroom
F. Terrace
G. Office
H. Bunk beds room
I. Powder room
J. Bathroom

Technological advances in the window manufacturing industry allow for generous fenestration with high thermal performance to ensure interior comfort.

Los avances tecnológicos en la industria de fabricación de ventanas permiten modelos con un alto rendimiento térmico para garantizar el confort interior.

Balloon framing is formed by small wood members extending the full height of a building—generally two floors—, from the foundation to the rafter, as opposed to platform framing, in which each floor is framed separately.

La estructura está formada por pequeños elementos de madera que se extienden a lo largo de toda la altura de la cabaña, desde los cimientos hasta las vigas, a diferencia de la estructura de la plataforma, en la que cada planta se enmarca por separado.

The full transparency of the southern façade lets in ample sunlight in fall and winter, while the mature trees standing between house and lake moderate the summer sun and provide a high degree of privacy in the boating season.

La transparencia total de la fachada sur permite una amplia luz solar en otoño e invierno, mientras que los árboles maduros que se encuentran entre la casa y el lago moderan el sol de verano y proporcionan un alto grado de privacidad en la temporada de navegación.

The south side is all glass, creating a direct link between the lake and the living spaces, arranged under a large double-height gable extending outward to cover a small porch.

El lado sur es totalmente acristalado, creando una conexión directa entre el lago y los espacios habitables, dispuestos bajo un gran frontispicio de doble altura que se extiende hacia el exterior para cubrir un pequeño porche.

124

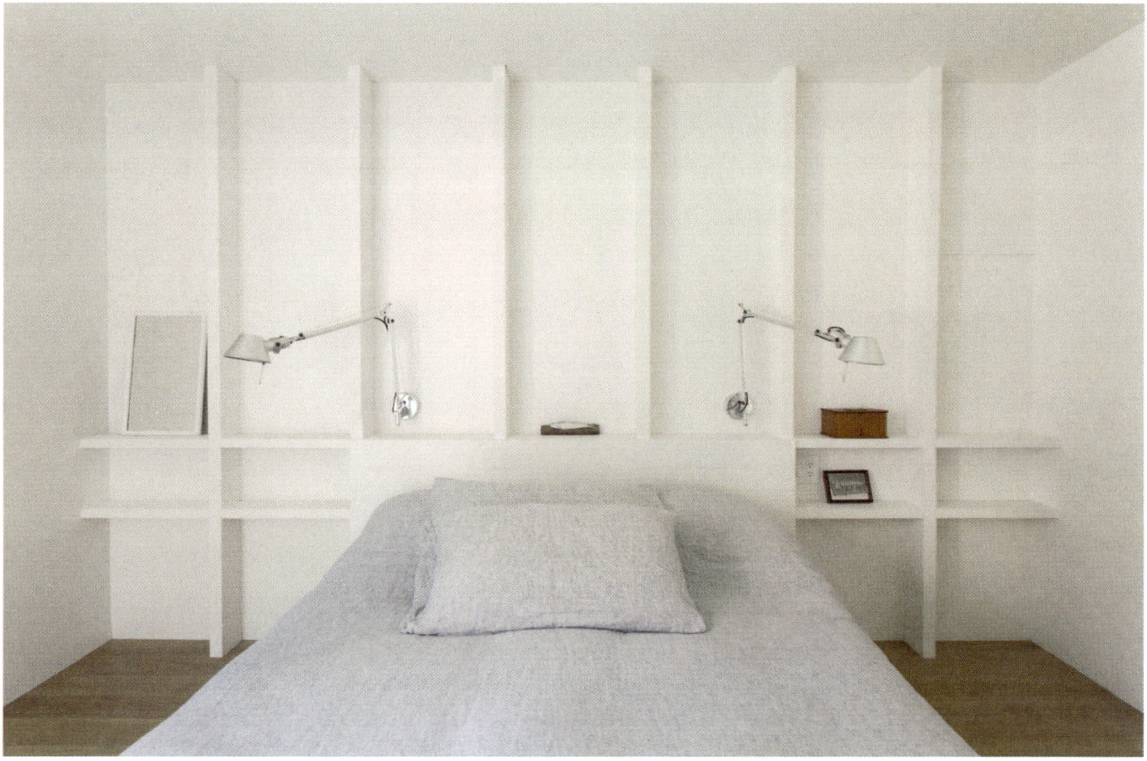

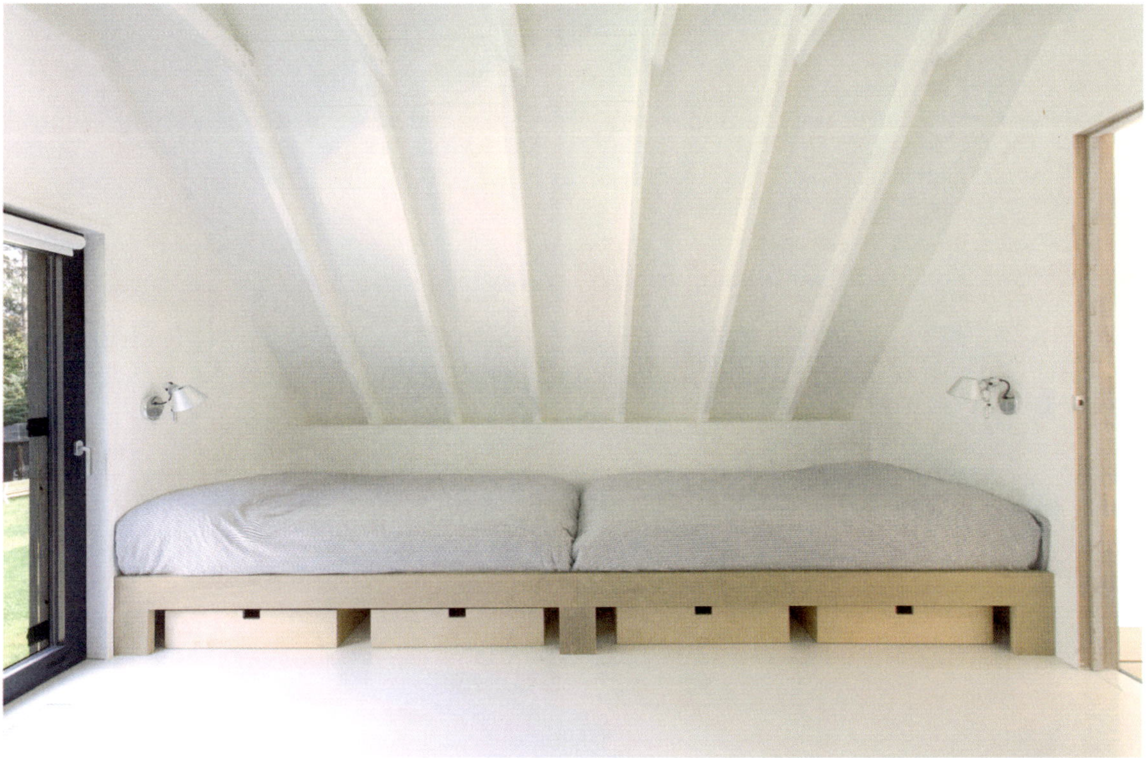

The Coyle

1.700 sq ft - 158 m²
Prentiss + Balance + Wickline
Quilcene, Washington, United States
© Jay Goodrich

Located on a peninsula extending into Hood Canal, this house draws inspiration from the site and the client's Danish roots. Using the Danish sommerhus as a starting point, clean and simple forms clad in stained cedar sit quietly in the landscape, straddling the transition between forest and meadow. Public and private functions are divided into two gabled volumes, turned at an angle to provide a spacious entry and to access specific views. The site's original structure was moved, reoriented, and remodeled to serve as a bunkhouse, defining the entrance and enclosing the meadow's edge.

Situada en una península que se extiende hasta Hood Canal, esta casa se inspira en el lugar y en las raíces danesas del cliente. Utilizando el sommerhus danés como punto de partida, las formas limpias y sencillas revestidas de cedro teñido se asientan tranquilamente en el paisaje, a ambos lados de la transición entre el bosque y la pradera. Las funciones públicas y privadas se dividen en dos volúmenes a dos aguas, girados en ángulo para proporcionar una entrada espaciosa. La estructura original fue variada, reorientada y remodelada para que sirviera como barracón, definiendo la entrada y cerrando el borde del prado.

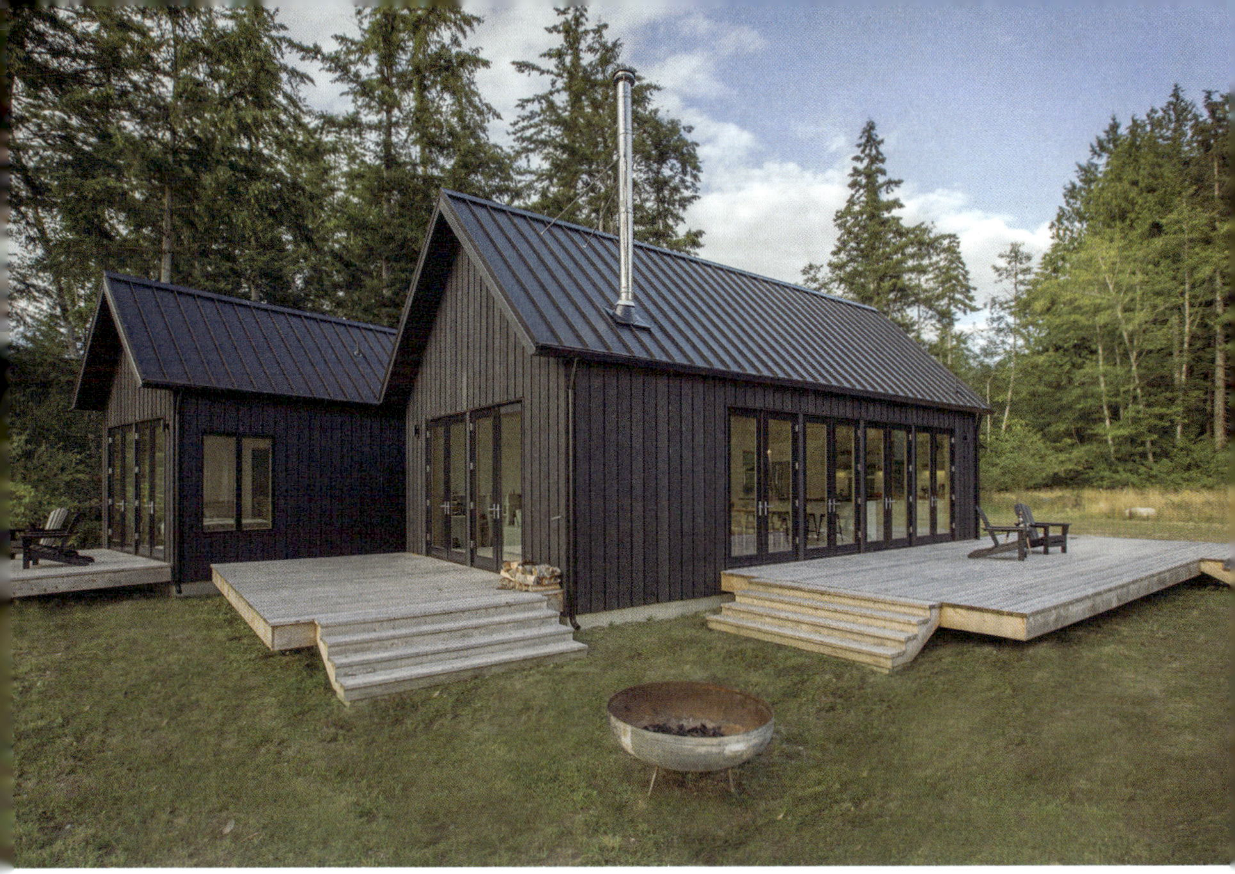

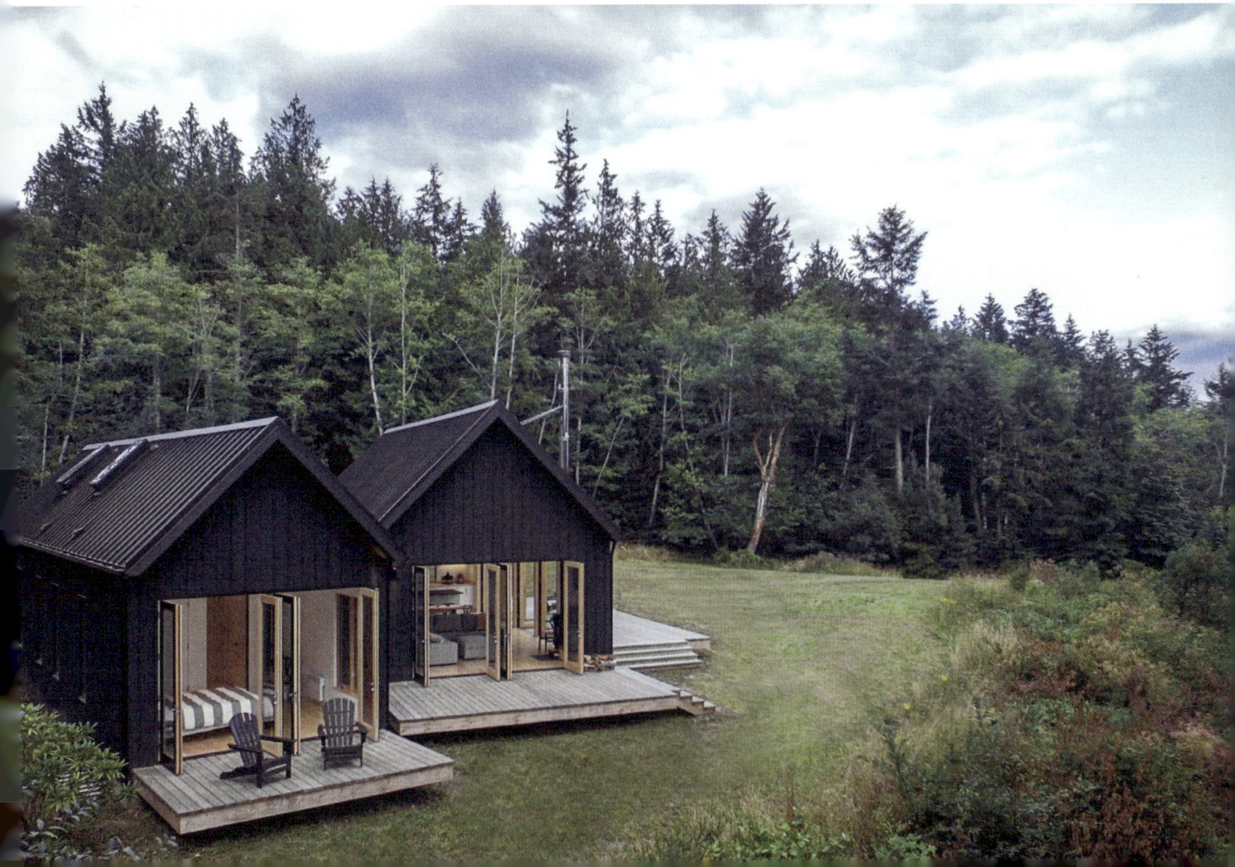

Avoid choosing a site where substantial clearing, earthworks, or alteration of natural watercourses is required to minimize environmental impact.

Evite elegir un sitio donde se requiera un desmonte, movimiento de tierras o alteración sustancial de los cursos de agua naturales para minimizar el impacto ambiental.

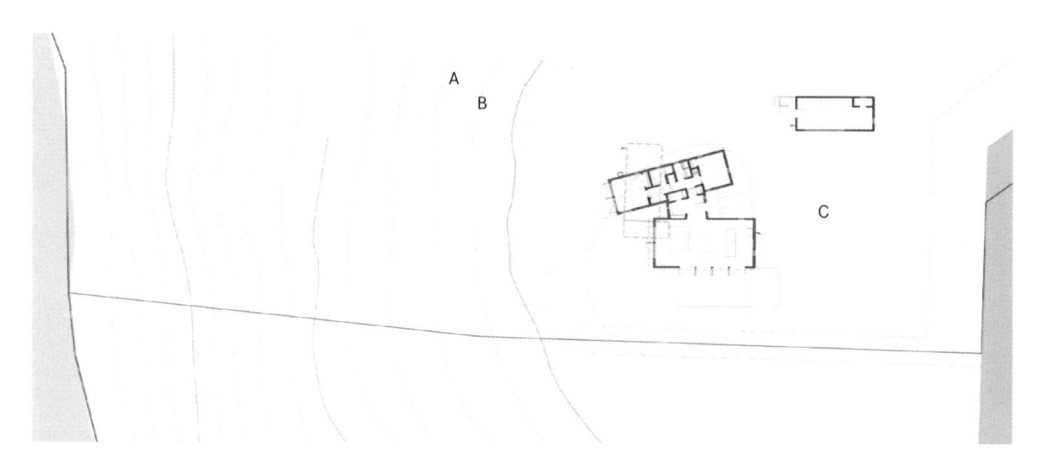

Site plan
A. Relocated bunkhouse
B. Existing bunkhouse
C. Main house

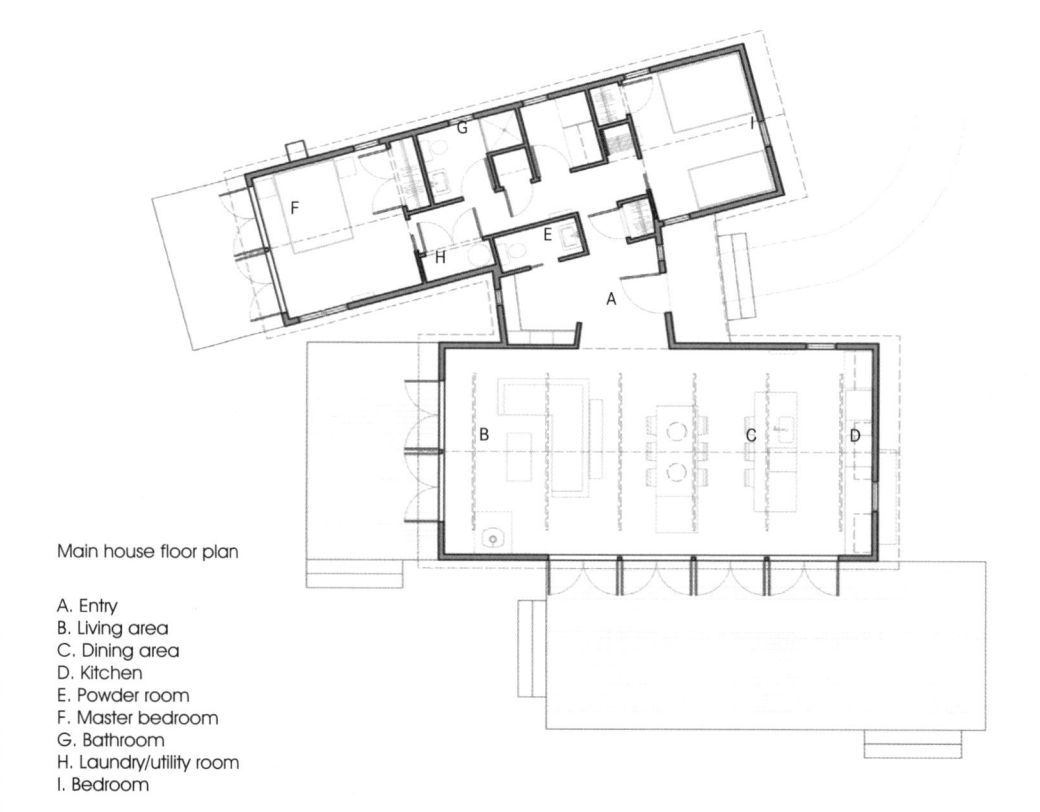

Main house floor plan

A. Entry
B. Living area
C. Dining area
D. Kitchen
E. Powder room
F. Master bedroom
G. Bathroom
H. Laundry/utility room
I. Bedroom

A narrow floor plan and numerous operable windows allow for generous natural light and ventilation. French doors extend the living space onto adjacent decks and the meadow beyond, toward expansive views of Hood Canal.

Un diseño estrecho y numerosas ventanas operables permiten una generosa entrada de luz natural y ventilación. Las puertas francesas extienden el espacio vital sobre las cubiertas adyacentes y el prado, hacia las vistas del Canal Hood.

The interior detailing of the house is clean and economical. White walls, pine floors, and wood trim create a light, warm tone within the airy spaces, while darker elements like the collar ties and countertops recall the dark-stained exterior.

Los detalles interiores de la casa son limpios y económicos. Las paredes blancas, los suelos de pino y los adornos de madera crean un tono claro y cálido dentro de los espacios ventilados, mientras que los elementos más oscuros como las encimeras recuerdan el exterior.

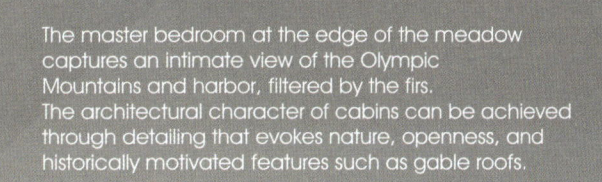

The master bedroom at the edge of the meadow captures an intimate view of the Olympic Mountains and harbor, filtered by the firs.
The architectural character of cabins can be achieved through detailing that evokes nature, openness, and historically motivated features such as gable roofs.

El dormitorio principal captura una vista íntima y filtrada por los abetos, de las Montañas Olímpicas y el puerto. Resaltar el carácter arquitectónico de las cabañas puede lograrse mediante detalles que evocan la naturaleza, la apertura y las características históricas.

Contemporary retreats are designed to cater to a much more modern consumer, featuring sleek finishes, technological amenities, and abundant glazed surfaces to create an airy and relaxed atmosphere.

Los retiros contemporáneos están diseñados para atender a un consumidor mucho más moderno, con acabados elegantes, servicios tecnológicos y abundantes superficies vidriadas que crean un ambiente aireado y relajado.

Main house: Main Space

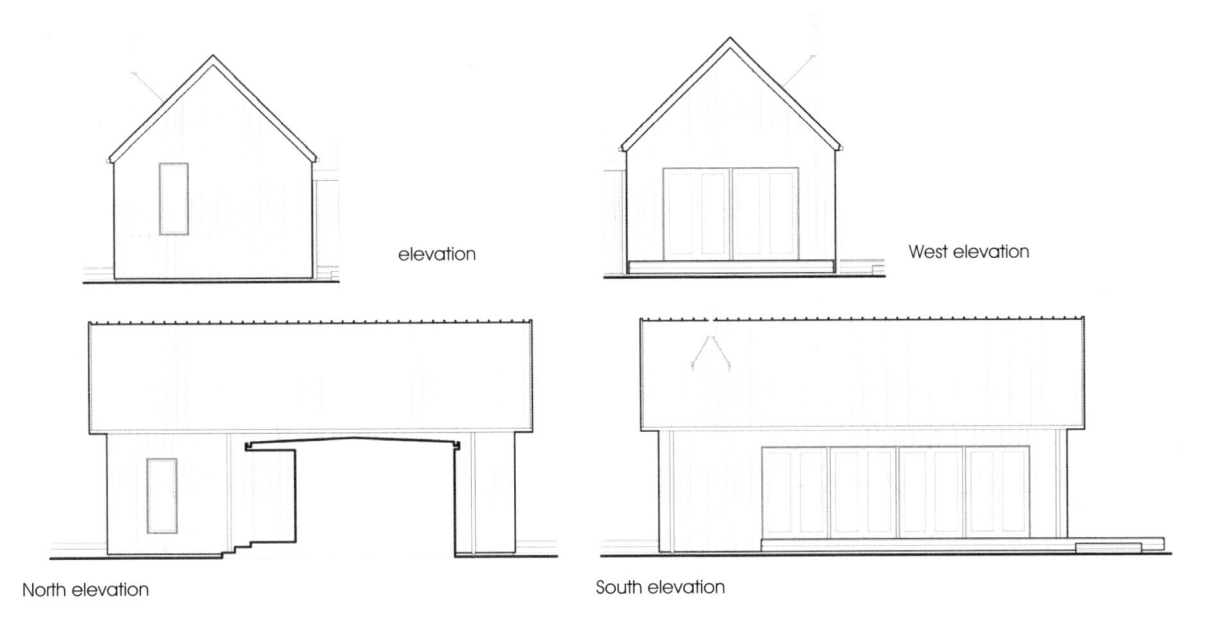

elevation

West elevation

North elevation

South elevation

Main house. Bedrooms

Southeast elevation

Southwest elevation

Northeast elevation

Northwest elevation

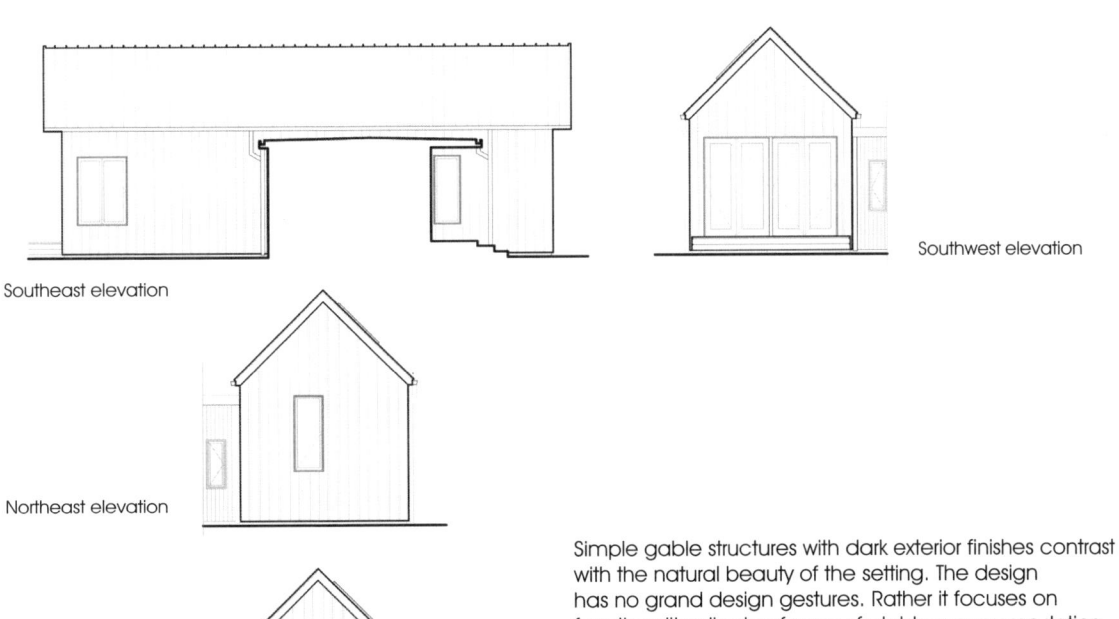

Simple gable structures with dark exterior finishes contrast with the natural beauty of the setting. The design has no grand design gestures. Rather it focuses on functionality allowing for comfortable accommodation.

Las estructuras simples de los hastiales con acabados exteriores oscuros contrastan con la belleza natural del entorno. El diseño no tiene grandes detalles de diseño. Más bien se centra en la funcionalidad que permite un alojamiento confortable.

Efjord Retreat Cabin

2.150 sq ft - 199 m²
Stinessen Arkitektur Eford
Lofoten Archipelago, Norway
© Snore Stinessen and Steve King

The site is positioned on a plateau overlooking the fiord and two of Norway's most challenging climbing peaks. With dramatic far-reaching views, the cabin provides its occupants with a feeling of peaceful isolation and wellbeing, away from the hectic urban lifestyle. The layout opens and closes the cabin in different directions, turning its back to some neighboring retreats to the east, and opening toward a ridge and the close terrain on the opposite side. Its orientation takes full advantage of the sun exposure through the generous use of glazed surfaces balancing privacy and extensive views of the natural surroundings.

El terreno está situado en una meseta con vistas al fiordo y a dos de los picos de escalada más desafiantes de Noruega. Con vistas espectaculares de gran alcance, la cabaña proporciona a sus ocupantes una sensación de paz, aislamiento y bienestar, lejos del ajetreado estilo de vida urbano. El diseño abre y cierra la cabaña en diferentes direcciones, dando la espalda a algunos retiros vecinos al este, y abriéndose hacia una cresta y el terreno cercano en el lado opuesto. Su orientación aprovecha al máximo la exposición al sol mediante el generoso uso de superficies acristaladas que equilibran la privacidad y las amplias vistas al entorno natural.

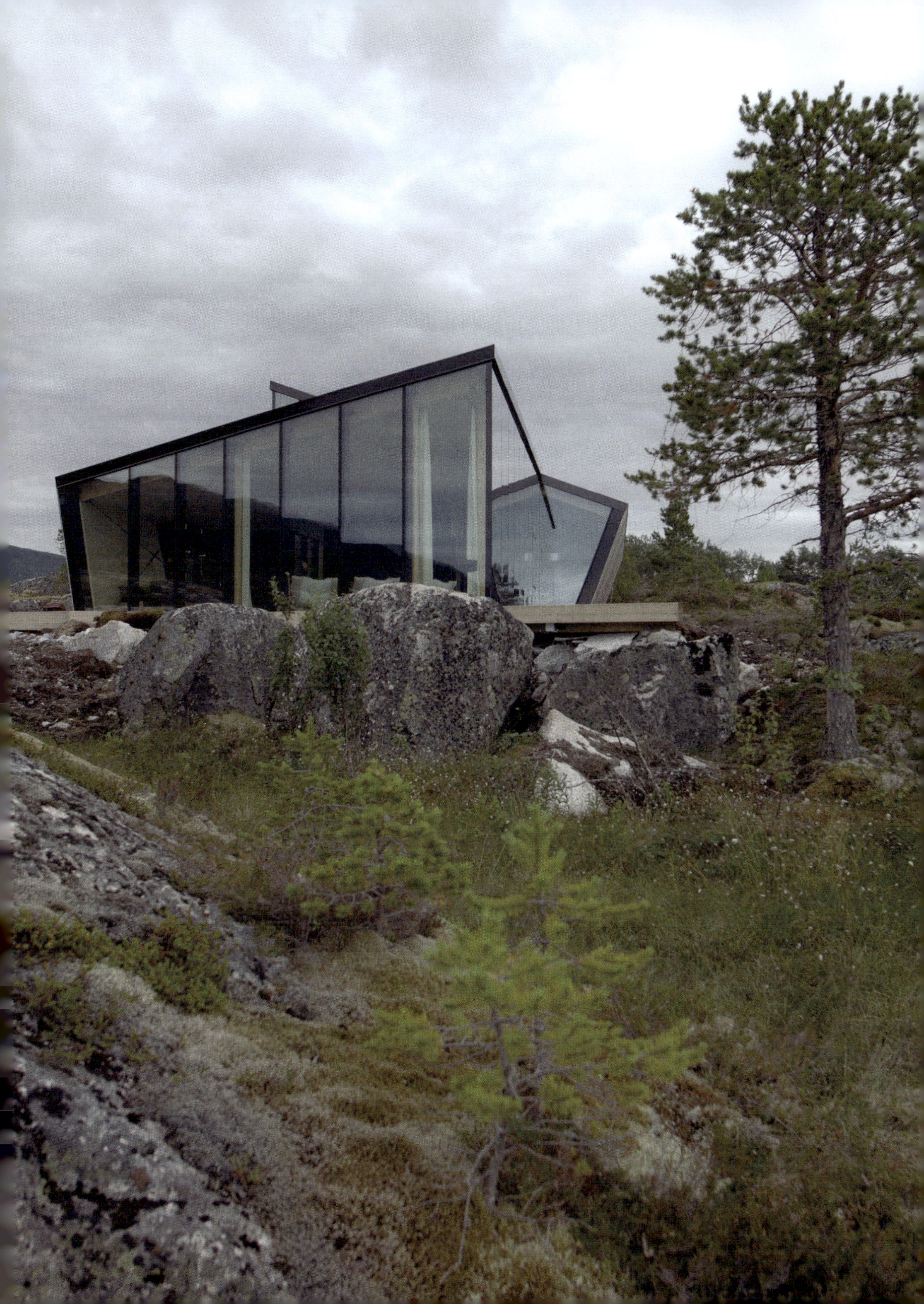

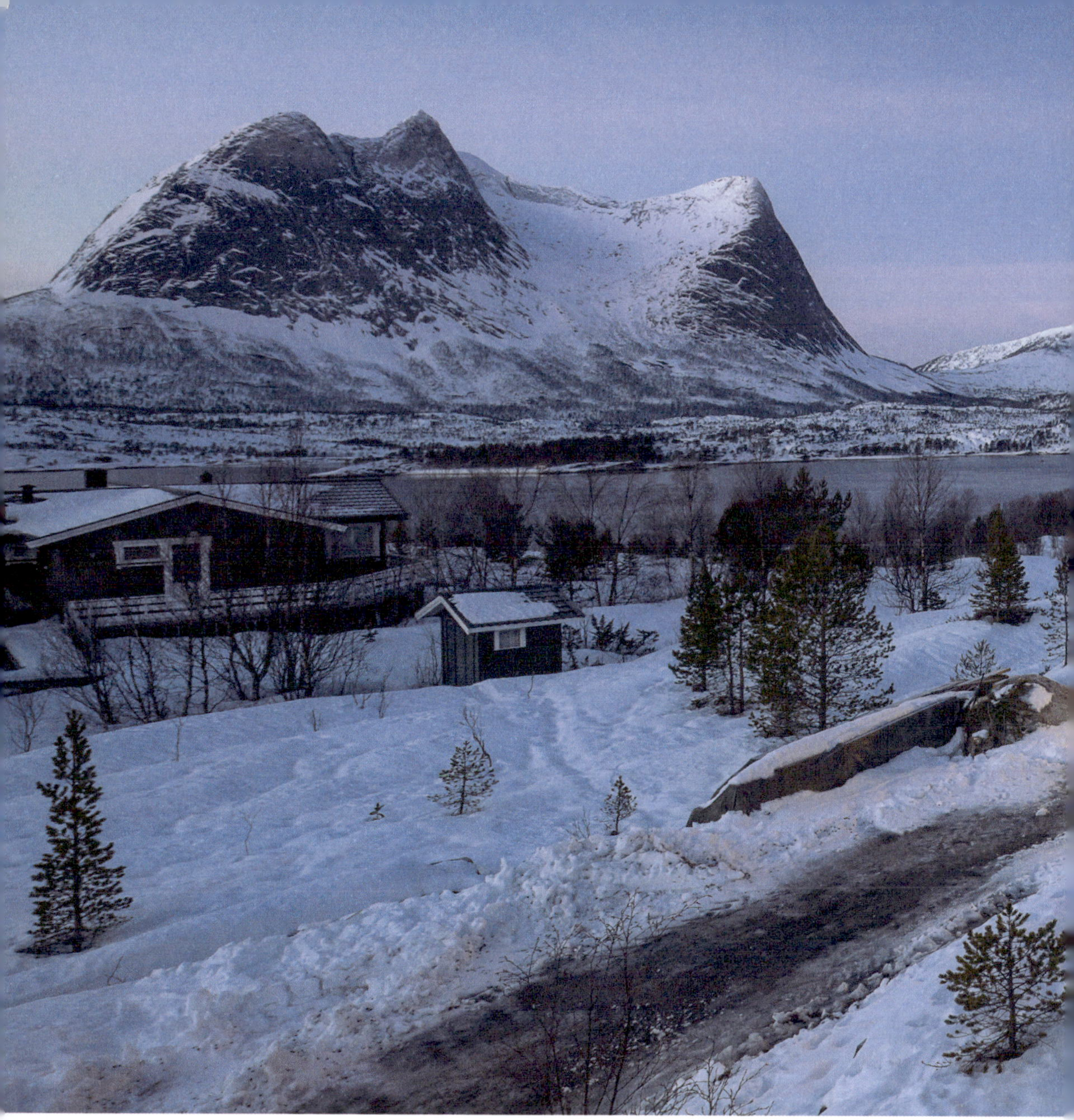

Passive solar and sustainable construction expresses a more opaque or a more transparent building envelop to respond to the environmental conditions, such as orientation, climate, sun exposure, and wind patterns affecting every one of its sides.

La construcción solar pasiva y sostenible expresa una envoltura más opaca o más transparente para responder a las condiciones ambientales, como la orientación, el clima, la exposición al sol y los patrones de viento que afectan a cada uno de sus lados.

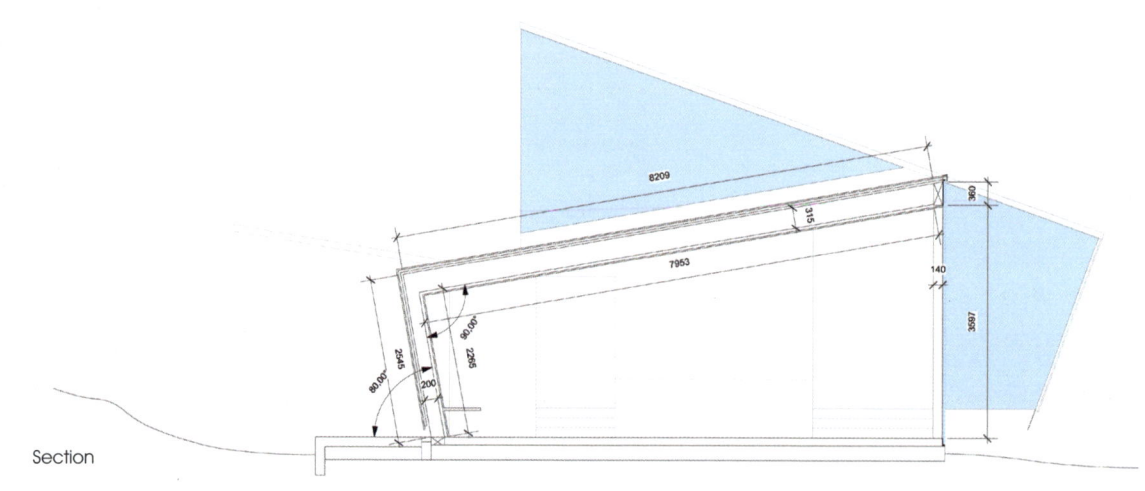

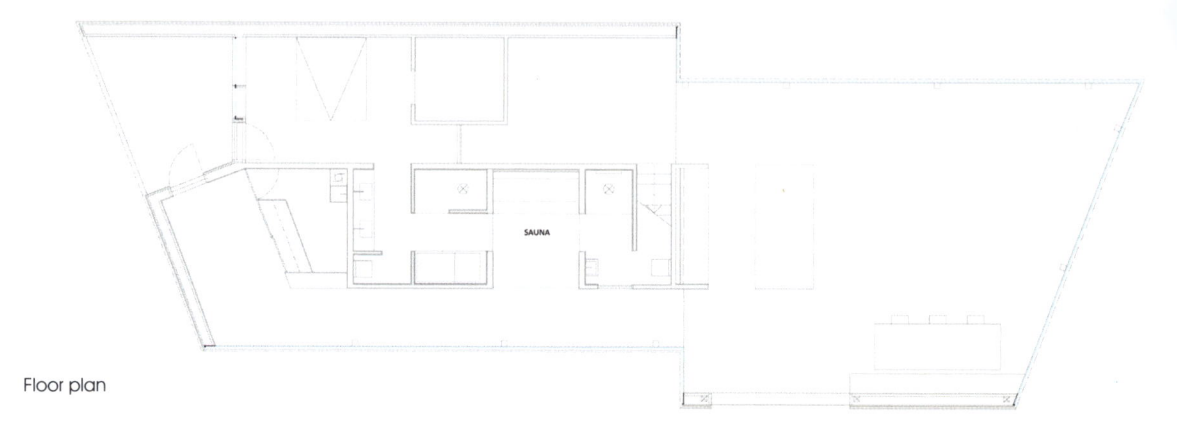

Section

Floor plan

Site analysis is a complex process that takes into account many contextual factors. The purpose of this analysis is to inform an architectural design in an environmentally responsible way, ultimately resolving the practical and aesthetic concerns. The two volumes are offset to provide for sheltered outdoor areas, which merge seamlessly with the surrounding natural terrain. The orientation was carefully planned to take advantage of the views and optimize natural lighting.

El análisis del lugar es un proceso complejo que tiene en cuenta muchos factores contextuales. El propósito de este análisis es conseguir un diseño arquitectónico de una manera ambientalmente responsable, resolviendo en última instancia las preocupaciones prácticas y estéticas. Los dos volúmenes se compensan para proporcionar áreas exteriores protegidas, que se funden perfectamente con el terreno natural circundante. La orientación fue cuidadosamente planeada para aprovechar las vistas y optimizar la iluminación natural.

An architectural design that balances light, views, privacy, and exposure to create a living environment that is sustainably engaged to the specifics of a site for maximum comfort and enjoyment.

The cabin design stands out for its form, clean lines, and minimal use of materials, including structural glazing and iron sulfate-treated pine on the exterior. The interiors are clad in birch. The granite floor, like the outcrops outside, extends throughout, blurring the boundary between the interior and the exterior.

Un diseño arquitectónico que equilibra la luz, las vistas, la privacidad y la exposición para crear un ambiente de vida que está comprometido de manera sostenible con las características específicas de un lugar, logrando el máximo confort y disfrute.

El diseño de la cabaña destaca por su forma, sus líneas limpias y el uso mínimo de materiales, incluyendo el acristalamiento estructural y el pino tratado con sulfato de hierro en el exterior. Los interiores están revestidos de abedul. El suelo de granito, al igual que los afloramientos exteriores, se extiende por todas partes, difuminando la frontera entre el interior y el exterior.

The sauna's bench, wall, and ceiling form a continuous undulating surface made of aspen slats. The wood contrasts with the stone, the other predominant material, creating a relaxing space in the cabin that harmonizes with the natural surroundings. Both pine and birch are typical of the region, widely used in construction for their strength and durability.

El banco, la pared y el techo de la sauna forman una superficie ondulada continua hecha de listones de madera de álamo temblón. La madera contrasta con la piedra, el otro material predominante, creando un espacio relajante en la cabaña que armoniza con el entorno natural. Tanto el pino como el abedul son típicos de la región, ampliamente utilizados en la construcción por su resistencia y durabilidad.